O PODER EXTRAORDINÁRIO DA HUMILDADE NA LIDERANÇA

O PODER
EXTRAORDINÁRIO
DA HUMILDADE
NA LIDERANÇA

Empresas Prósperas — Resultados Excelentes

MARILYN GIST

ALTA BOOKS
GRUPO EDITORIAL
Rio de Janeiro, 2023

O Poder Extraordinário da Humildade na Liderança

Copyright © 2023 da Starlin Alta Editora e Consultoria Eireli.
ISBN: 978-65-5520-549-7

Translated from original The Extraordinary Power. Copyright © 2012 by Marilyn Gist. ISBN 9781523089666. This translation is published and sold by permission of Penguin Random House, the owner of all rights to publish and sell the same. PORTUGUESE language edition published by Starlin Alta Editora e Consultoria Eireli, Copyright © 2023 by Starlin Alta Editora e Consultoria Eireli.

Impresso no Brasil — 1ª Edição, 2023 — Edição revisada conforme o Acordo Ortográfico da Língua Portuguesa de 2009.

Dados Internacionais de Catalogação na Publicação (CIP) de acordo com ISBD

G535p   Gist, Marilyn
            O poder extraordinário da humildade na liderança: Empresas
        Prósperas – Resultados Excelentes / Marilyn Gist ; traduzido por Ana
        Paula Silva. – Rio de Janeiro : Alta Books, 2023.
            240 p. ; 16cm x 23cm.

            Tradução de: The Extraordinary Power
            Inclui índice.
            ISBN: 978-65-5520-549-7

            1. Administração. 2. Liderança. I. Silva, Ana Paula. II. Título.

2022-1310   CDD 658.4092
                                                            CDU 65.012.41

Elaborado por Vagner Rodolfo da Silva - CRB-8/9410

Índice para catálogo sistemático:
1.   Administração : Liderança 658.4092
2.   Administração : Liderança 65.012.41

Produção Editorial
Grupo Editorial Alta Books

Diretor Editorial
Anderson Vieira
anderson.vieira@altabooks.com.br

Editor
José Ruggeri
j.ruggeri@altabooks.com.br

Gerência Comercial
Claudio Lima
claudio@altabooks.com.br

Gerência Marketing
Andréa Guatiello
andrea@altabooks.com.br

Coordenação Comercial
Thiago Biaggi

Coordenação de Eventos
Viviane Paiva
comercial@altabooks.com.br

Coordenação ADM/Finc.
Solange Souza

Coordenação Logística
Waldir Rodrigues

Gestão de Pessoas
Jairo Araújo

Direitos Autorais
Raquel Porto
rights@altabooks.com.br

Assistente Editorial
Caroline David

Produtores Editoriais
Illysabelle Trajano
Maria de Lourdes Borges
Paulo Gomes
Thales Silva
Thiê Alves

Equipe Comercial
Adenir Gomes
Ana Carolina Marinho
Ana Claudia Lima
Daiana Costa
Everson Sete
Kaique Luiz
Luana Santos
Maira Conceição
Natasha Sales

Equipe Editorial
Ana Clara Tambasco
Andreza Moraes
Arthur Candreva
Beatriz de Assis
Beatriz Frohe

Betânia Santos
Brenda Rodrigues
Erick Brandão
Elton Manhães
Fernanda Teixeira
Gabriela Paiva
Henrique Waldez
Karolayne Alves
Kelry Oliveira
Lorrahn Candido
Luana Maura
Marcelli Ferreira
Mariana Portugal
Matheus Mello
Milena Soares
Patricia Silvestre
Viviane Corrêa
Yasmin Sayonara

Marketing Editorial
Amanda Mucci
Guilherme Nunes
Livia Carvalho
Pedro Guimarães
Thiago Brito

Atuaram na edição desta obra:

Revisão Gramatical
Ana Mota
Lívia Rodrigues

Tradução
Ana Paula Silva

Copidesque
Daniel Salgado

Diagramação
Rita Motta

Capa
Marcelli Ferreira

Editora afiliada à:

ASSOCIADO
Câmara Brasileira do Livro

Rua Viúva Cláudio, 291 – Bairro Industrial do Jacaré
CEP: 20.970-031 – Rio de Janeiro (RJ)
Tels.: (21) 3278-8069 / 3278-8419
www.altabooks.com.br — altabooks@altabooks.com.br
Ouvidoria: ouvidoria@altabooks.com.br

*Aos líderes que em todos os lugares
se preocupam em servir ao bem comum e em
apoiar a dignidade de todos os stakeholders*

*Em honra da família, amigos,
e da Fonte de toda a Vida*

Sumário

Prólogo

Quando era o CEO da Ford Motor Company e da Boeing Commercial Airplanes tive a honra de liderar centenas de milhares de pessoas e coordenar nossos diversos stakeholders. Sei em primeira mão como é importante que os líderes tenham humildade. Ela será ainda mais importante para os líderes do futuro – e para a sociedade do futuro. Isso porque, mais do que nunca, precisamos ser capazes de trabalhar juntos ao redor de todo o mundo para manter nossa qualidade de vida e resolver as grandes questões mundiais e locais. A humildade, especialmente a humildade na liderança, é a base para trabalhar junto de maneira saudável e com alto desempenho.

No entanto, ao longo de minha experiência, a humildade é relativamente incomum. Muitas vezes, tenho visto líderes que têm mais humildade do que exibem quando realmente lideram. Acho que isso faz parte de um modelo de liderança, ainda muito presente, em que presumimos que o líder deve saber tudo e usar o comando e o controle. E é também o modelo de liderança adotado por muitos stakeholders: investidores, fornecedores, governo e assim por diante. Acredito que isso só mudará quando todos os stakeholders se deslocarem em direção a um novo modelo de líder do futuro – de ser um facilitador e coach, liderando com humildade, amor e assistência. Essa mudança de modelo só acontecerá quando tivermos mais exemplos de como ele é capaz de gerar mais valor, tanto para todos os stakeholders, quanto para o bem comum. Portanto, este livro realmente será útil, uma vez que apresenta uma maneira de liderar melhor e fornece exemplos poderosos que podem ser amplamente compreendidos.

A humildade na liderança possibilita e aprimora a inclusão, a participação, o compromisso, a inovação, a segurança, o entusiasmo, a disciplina, o cuidado, a adaptabilidade e o aperfeiçoamento contínuo – para citar apenas alguns de seus resultados positivos! É o cerne do processo operacional e dos Comportamentos Esperados em meu Sistema de Gestão de Trabalho Conjunto [*Working Together Management System*™], que cria organizações inteligentes e seguras, assim como aumenta a qualidade, a produtividade e o desempenho, enquanto reduz custos, gerando benefícios a todos os stakeholders e ao bem comum.

Nos últimos cinco anos, Marilyn Gist tem sido companheira, amiga e alma gêmea devido a *quem* ela é, *o que* ela faz, e *como* ela executa. Ela tem um longo e notável histórico de trabalhos bem-sucedidos na formação e no desenvolvimento de outros líderes. Devo acrescentar que realizei uma pesquisa extensa antes de decidir em quem acreditar e com quem gostaria de trabalhar. Marilyn fez o mesmo e escolhemos um ao outro. Percebemos, desde o início, que estamos muito alinhados em nosso desejo de servir e de contribuir ainda mais no desenvolvimento de líderes.

Eu a conheci por intermédio de nosso trabalho, que envolveu ensino, escrita e muitas conversas sobre as importantes responsabilidades da liderança: apresentar horizontes atraentes, estratégias detalhadas para alcançá-los e uma implementação implacável. Também concordamos que quem você é será a contribuição mais importante para seu sucesso como líder. Os principais elementos disso são a sua autenticidade, a sua humildade, o seu amor e a sua assistência. O caráter e as competências de Marilyn são maravilhosos e inspiradores. Nosso trabalho conjunto produziu alguns resultados excelentes para a formação e o desenvolvimento da liderança de alunos e de professores, assim como publicações sobre Trabalho Conjunto e liderança.

Marilyn é excepcionalmente qualificada para escrever este livro. Além de sua longa e bem-sucedida carreira no ensino da liderança, sua própria humildade pessoal e sua humildade na liderança demonstram sua compreensão do assunto. Os leitores se beneficiarão uma vez que, de todas as coisas que Marilyn poderia compartilhar e nos ensinar, o poder da humildade está no topo da lista. É a humildade de modo geral, e o poder estendido da humildade na liderança, que possibilita tudo o que é necessário para todos nós trabalharmos juntos para o bem comum, para desfrutarmos uns dos outros e nos divertirmos.

Eu realmente gosto deste livro! Ele tem foco, é abrangente e atraente. É compreensível e fácil de ler. Nosso mundo precisa de líderes humildes, mais do que nunca, para nos ajudar a lidar com questões que são tão amplas, importantes, urgentes e pessoais. Somente se trabalharmos juntos iremos, não apenas salvar nosso mundo, mas criar um mundo baseado no respeito pela dignidade humana, na inclusão e no crescimento para todos nós.

A definição de Marilyn é simples e clara: "A humildade na liderança é uma tendência em sentir e demonstrar um profundo respeito pela dignidade dos outros." É uma forma de ser. É uma forma de viver. É correta. É útil. Ela possibilita qualquer coisa. O livro faz um ótimo trabalho em nos mostrar o que a humildade realmente é – e o que não é. Certamente não é uma fraqueza ou docilidade. A humildade genuína é um sinal de confiança e força. O modelo apresentado neste livro é excelente porque se baseia nas três perguntas que todos nós fazemos em relação àqueles que lideram, e apresenta as seis chaves para demonstrar a humildade de modo que apoiemos a dignidade dos outros. O modelo é abrangente e prático. Acredito que quando os líderes lerem isso, serão compelidos a experimentar as chaves descritas. Então, verão os resultados positivos e desenvolverão ainda mais sua humildade na liderança. Isso gerará um aperfeiçoamento contínuo na liderança, na eficácia e na felicidade – para o líder e para todos os stakeholders. Precisamos e queremos os corações e mentes de todos para que avancemos juntos.

Além do modelo de humildade na liderança, parte do que torna este livro tão valioso são as experiências, as observações e os conselhos oferecidos pelos CEOs que Marilyn entrevistou. Trata-se de líderes bem-sucedidos de grandes organizações. São lideranças diversas e inspiradoras, além de humildes. São líderes muito especiais que trabalham para o bem comum.

Marilyn identificou um elemento vital para a liderança do futuro – a humildade! Este livro explica por que isso é tão importante. E, o que é da mesma importância, nos mostra como fazer. Apreciar e melhorar a humildade na liderança é uma grande oportunidade de se aprimorar. É essencial para que possamos envolver os corações e mentes de todos e trabalharmos juntos para seguir adiante de forma positiva em nosso mundo em constante mutação.

Alan Mulally

Ex-presidente e Ex-CEO da Ford Motor Company;
Ex-presidente e Ex-CEO da Boeing Commercial Airplanes;
Ex-presidente da Boeing Information, Space and Defense Systems

Prefácio

Seattle gerou muitas organizações com impacto global cujo sucesso e inovação mudaram a maneira como vivemos e trabalhamos. A cidade prospera com as energias da Amazon, Boeing, Costco, Microsoft, Starbucks e da Fundação Bill & Melinda Gates, para citar apenas algumas. Foi nesse clima rico que tive a sorte de liderar programas executivos para negócios em duas universidades nas últimas duas décadas. Isso me deu a oportunidade de trabalhar com vários CEOs que são líderes brilhantes. Fui inspirada pelo compromisso deles de liderar bem e tive o privilégio de ver os efeitos positivos que eles têm sobre os seguidores, assim como os resultados organizacionais. Também vi os efeitos negativos causados por muitos outros líderes – e cometi meus próprios erros e aprendi com eles.

Com o tempo, ficou claro para mim que existe uma variável no cerne da liderança que é frequentemente esquecida. Esta variável é a *humildade*. Ela orienta os comportamentos de um líder ao colocar importância central no fato de que a *dignidade dos outros* é importante. Este livro lança uma luz sobre este assunto subestimado. Explica por que a humildade na liderança é tão necessária – e mostra como os líderes podem ter um desempenho melhor ao conhecer e aplicar as seis chaves para a humildade que são monitoradas de perto pelos outros. Esta não é apenas a minha opinião. Existem pesquisas sólidas sobre o valor da humildade na liderança. E há grandes líderes que provam que a humildade funciona.

É oportuno e urgente que falemos sobre este tema. Os eventos em nosso cenário mundial destacam questões de caráter e comportamento entre os líderes enquanto eles lidam com problemas muito complexos. Nos Estados Unidos e no exterior, muitas pessoas estão chocadas com a arrogância e a falta de integridade que vemos nos mais altos escalões do governo. Quase todos se sentem consternados com a disfunção coletiva de nossos líderes à medida que enfrentamos desafios globais, como uma pandemia viral, o comércio, a imigração, as mudanças climáticas e a precisão das informações. A maioria das pessoas deseja uma abordagem melhor para a liderança.

A necessidade de uma melhor liderança *empresarial* é igualmente urgente. As empresas enfrentam muitos desafios complexos: economias voláteis, mudanças tecnológicas, mercados globais de comércio e trabalho, cibersegurança, impactos das mudanças climáticas e uma geração mais jovem que está cansada dos crimes corporativos anteriores e é adepta do uso das redes sociais para expor erros. Os executivos de negócios precisam manter boas relações com os funcionários, os clientes, os acionistas, os ativistas comunitários e os reguladores que geralmente têm pontos de vista fortes e conflitantes. Para ter sucesso, os líderes devem ser capazes de reunir grupos divergentes e formar um consenso sobre o caminho a seguir. Jogos de poder, ataques pessoais e cotoveladas funcionam na contramão disso. Sem uma liderança capaz de alinhar esses stakeholders, as empresas não conseguem gerar lucros, sustentar o crescimento, apoiar a diversidade, inovar ou contribuir positivamente para as necessidades da sociedade.

Fundamentalmente, a liderança requer um *trabalho conjunto*. Precisamos de líderes capazes de fazê-lo para resolver nossos desafios globais e locais, seja nas empresas, nas organizações sem fins lucrativos ou no governo. E a humildade na liderança– uma tendência de sentir e demonstrar profundo respeito pela dignidade dos outros – é essencial para trabalhar bem em conjunto com todos os stakeholders.

Hoje, devido à importância de melhorarmos nossa compreensão da humildade na liderança para trabalharmos juntos, senti-me convocada a escrever este livro com o intuito de mostrar seu poder extraordinário enquanto caminho a seguir. Como parte deste projeto, entrevistei um grupo seleto de doze presidentes e CEOs proeminentes de grandes organizações que adotam a abordagem humilde na liderança. Minha amostra é pequena, mas atraente: esses líderes representam empresas dinâmicas, das quais a maioria possui escopo global e marcas amplamente reconhecidas. Coletivamente, esses líderes empregam centenas de milhares de pessoas, gerenciam ou geram trilhões de dólares de receita a cada ano e contribuem significativamente para a produtividade local e/ou global. A riqueza deste livro é que ele se baseia não apenas em minha experiência, mas na sabedoria coletiva desses líderes bem-sucedidos. O livro também discute como a humildade na liderança se aplica a grandes organizações, bem como a organizações menores.

Se você deseja liderar bem, este livro foi feito para você. Este material é indicado para líderes em exercício em todos os níveis da indústria, do governo e das organizações sem fins lucrativos.

Também é apropriado para aspirantes a líderes, bem como para estudantes de administração de empresas, administração educacional e relações públicas. Se você trabalha com desenvolvimento de liderança, este livro traz conteúdo importante para agentes de mudança e líderes organizacionais que selecionam e desenvolvem lideranças. E se você for qualquer outro tipo de stakeholder, como alguém que trabalha para lideranças ou as escolhe por meio do voto, este livro deve ajudá-lo a aprimorar sua compreensão dos comportamentos eficazes *versus* ineficazes.

Os Capítulos 1 a 3 fornecem uma base essencial para a compreensão da humildade na liderança. Eles mostram por que ela é importante para trabalharmos juntos, vinculando-a à dignidade humana. Eles apresentam um modelo de humildade na liderança derivado de três perguntas que as pessoas fazem ou se questionam sobre os líderes e quais são os comportamentos monitorados pelas pessoas ao formar suas próprias respostas. Os Capítulos 4 a 6 respondem às três perguntas, uma de cada vez, explicando comportamentos específicos (chaves) que demonstram a humildade do líder. Estes capítulos vinculam comportamentos que estão sob controle de um líder às responsabilidades da liderança – como atrair e reter talentos, a gestão da diversidade e assim por diante – e fornecer uma lista de coisas que devemos e não devemos fazer. Ideias de ações práticas estão incluídas na maioria dos capítulos do livro.

A terceira seção do livro reúne o material e mostra como integrá-lo à prática. O Capítulo 7 é de autoria de Alan Mulally, a convite, e ele explica seu conceituado Sistema de Gestão de Trabalho Conjunto e mostra como ele se baseia na humildade. O Capítulo 8 ilustra como essas ideias se expandem para organizações menores e como a humildade na liderança gera organizações prósperas *versus* organizações tóxicas. Também fornece exemplos de políticas organizacionais que apoiam a dignidade dos outros. No Capítulo 9, ofereço as minhas observações sobre os fatores que levaram à formação da humildade entre os CEOs que entrevistei, sugestões de como ela pode ser trabalhada em líderes adultos e perguntas e exercícios de reflexão para desenvolver a humildade pessoal. A biografia de cada um dos líderes que entrevistei está incluída ali. No Capítulo 10, o livro termina discutindo a relevância deste material para empresas e além.

Em minha experiência, a maioria dos líderes – assim como os aspirantes – quer ser altamente eficaz. Este livro contém informações essenciais para ajudá-lo a fazer isso, porque a humildade do líder é sutil, mas muito poderosa para o trabalho conjunto. É o segredo que muitos líderes precisam para criar organizações prósperas e atingir grandes resultados.

Marilyn Gist
Seattle, Washington

CAPÍTULO UM

Liderança enquanto Relacionamento

Liderança é inspirar as pessoas a fazer o que
é necessário. Se você olhar para trás e ninguém
estiver te seguindo, você não é um líder.

—Roger Ferguson, Presidente e CEO da TIAA

A liderança demanda *trabalhar em conjunto*. Trabalhar e nos relacionar com outras pessoas é a nossa maneira de progredir. O maior desafio de um líder é inspirar engajamento entusiasmado nos outros através de um objetivo comum, seja lançar um novo produto, promover uma causa importante, melhorar o desempenho financeiro ou resolver desafios mundiais.

Então, como os líderes podem trabalhar com os outros de maneira mais eficaz? Quando pensamos nos fatores que impulsionam o desempenho de uma organização, tendemos a pensar em inovação, em capital e em uma estratégia competitiva forte. Quando falamos sobre motivar as pessoas, a conversa geralmente se transforma em recompensas e compensações. Em grande parte despercebida, está a humildade na liderança – uma forma extraordinariamente poderosa de influenciar aqueles ao seu redor a oferecerem seu apoio total para alcançar objetivos comuns.

Collins* (2001) demonstrou que os melhores resultados são alcançados por organizações cujos líderes combinavam motivação forte com humildade pessoal, mas alguns líderes acham que a ideia de humildade está em conflito com uma liderança forte. Pensam na humildade como docilidade ou fraqueza e a veem como uma deficiência, ignorando sua potência real.

E se considerarmos a humildade em termos de certos comportamentos? Uma vez que a liderança requer um trabalho conjunto, e se considerarmos a humildade em termos de como nos relacionamos com os outros? Deixe-me defini-la de uma maneira que seja relevante para todos aqueles que lideram:

A humildade na liderança é uma tendência a sentir e demonstrar um profundo respeito pela dignidade dos outros.

Ainda podemos ser fortes e ter padrões elevados. E podemos demonstrar respeito pela autoestima dos outros.

Os Líderes Criam o Recipiente

Uma liderança que faz uso da humildade – apoia a dignidade dos outros – melhora o trabalho em equipe porque é a base para um relacionamento saudável. Os líderes criam o *recipiente* de como o trabalho é feito. Um recipiente físico é um objeto no qual mantemos, misturamos ou armazenamos algo. De maneira semelhante, os líderes criam os ambientes ou as culturas nas quais realizamos nosso trabalho: as pessoas, os processos e as práticas de interação.

---

* Empresas Feitas Para Vencer: Por Que Algumas Empresas Alcançam a Excelência... e Outras Não. Jim Collins. Disponível no Brasil pela Editora Alta Books.

A humildade na liderança é o recipiente para relacionamentos saudáveis com todos os stakeholders (como subordinados, colegas de trabalho ou chefes, legisladores, mídia, fornecedores, líderes comunitários ou clientes). Quando os líderes demonstram humildade, tendência a considerar a dignidade dos outros como importante, o recipiente criado para o trabalho enfatiza o respeito por todos. As interações tornam-se confortáveis e as informações são compartilhadas livremente. Como trabalhar em conjunto é prazeroso, as pessoas são motivadas a colaborar em objetivos comuns.

Quando os líderes carecem de humildade, quando desprezam frequentemente a dignidade dos outros, o recipiente para o trabalho torna-se *in*salubre. Simplificando, violar a dignidade dos outros prejudica os relacionamentos. Aqueles que se sentem desrespeitados tornam-se cautelosos com o líder, às vezes ocultando informações importantes se acharem que o líder se aborrecerá ao tomar consciência delas. À medida que o ressentimento aumenta, os stakeholders se tornam menos inclinados a dar seu apoio total. O trabalho em conjunto sofre com o aumento das tensões. O progresso desacelera e o comportamento político geralmente cresce.

Os stakeholders têm suas próprias preocupações – coisas como justiça, a quantidade de mudanças que estão sendo solicitados a abraçar e seus próprios objetivos pessoais. As pessoas têm três perguntas básicas ao enfrentar um novo líder (veja a Figura 1). Quer sejam questionados em voz alta ou meramente observados, os outros avaliam os líderes nesses quesitos ao decidir *se* desejam segui-lo e *em que medida*.

A curiosidade sobre as três questões emana das preocupações pessoais dos observadores e está relacionada aos seus próprios sensos de dignidade ou de valor próprio. Quando as respostas são favoráveis, as pessoas se sentem inspiradas e ansiosas para se envolverem com o líder. As respostas favoráveis permitem que a liderança se conecte com a pessoa inteira – mente, coração e espírito – para que ela *queira* se juntar à causa e dar tudo de si. No entanto, quando as respostas são *des*favoráveis, a tendência é a desistência ou a resistência.

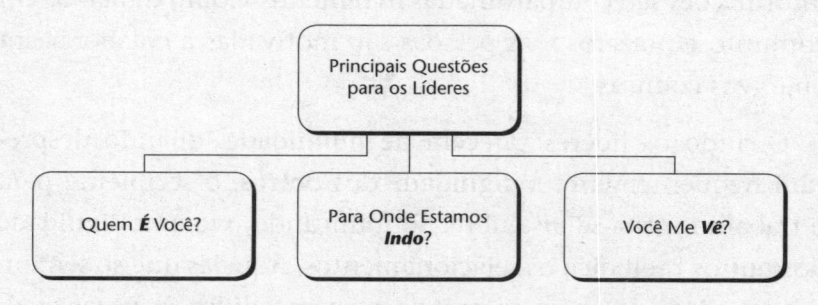

FIGURA 1. Principais Questões em Relação às Lideranças.

Sempre foi assim? Essas perguntas sempre foram importantes? Ou algo mudou nas últimas duas décadas?

O desafio vem das expectativas da sociedade em relação a um líder tradicional. As três principais palavras que associamos aos líderes incluem "realizado", "decisivo", "forte". Pensamos nos líderes como pessoas com personalidade do tipo A*, orientadas para a ação e focadas. Vivemos tempos muito diferentes. Os líderes estão sendo colocados, mais do que nunca, em casas de vidro. Estamos sendo examinados, convocados a fazer mais e responsabilizados. As pessoas podem acessar o Glassdoor para avaliar seus líderes. —PHYLLIS CAMPBELL, PRESIDENTE DO CONSELHO DA JPMORGAN CHASE E DA PACIFIC NORTHWEST

---

*   Personalidade do tipo A - padrão de comportamento caracterizado por competitividade, senso de urgência, impaciência, perfeccionismo e assertividade, e possivelmente associado a um risco aumentado de doença cardíaca. [N. da R.]

Eu realmente acho que isso está mudando agora. Há muito mais foco na transparência na liderança. A presença da internet está fazendo isso acontecer, uma vez que podem relatar rapidamente o que está acontecendo. Já que é possível tuitar ou enviar e-mails, conseguimos ver o interior das organizações. Então, há uma mudança criando uma distância da atitude autocrática para uma liderança mais servil. Ainda assim, ainda existem muitos líderes usando a abordagem mais antiga. —HOWARD BEHAR, EX--PRESIDENTE DA STARBUCKS COFFEE COMPANY INTERNATIONAL

Há evidências de que a maioria dos líderes está errando o alvo? Sim. Em um relatório consolidado, os Conselhos da Forbes (Castle, 2018) compartilharam os resultados de várias pesquisas que realizaram em sua comunidade de executivos e seus empreendedores proeminentes. Os resultados identificaram a liderança como o desafio número três enfrentado pelos executivos de negócios (atrás apenas da geração de receita e do tempo). A liderança foi considerada *a preocupação mais significativa* por 57% do Conselho de Recursos Humanos da Forbes, 50% do Conselho de Organizações Sem Fins Lucrativos da Forbes e 38% do Conselho de Tecnologia da Forbes. Ela *dominou as preocupações* entre os executivos das indústrias de informática e tecnologia (36%) e foi apontada como *a preocupação mais importante* entre os Vice-Presidentes (33%) e executivos de nível de diretoria (30%). Por fim, a liderança foi *apontada como o maior desafio* por 42% dos executivos em empresas entre 51 a 500 funcionários – uma parte substancial da força de trabalho privada nos Estados Unidos. Portanto, o que os executivos dos Conselhos da Forbes sabem é que nossa competência coletiva em liderança está muito abaixo do que precisamos para gerenciar os desafios dos negócios em questão.

Você pode estar se perguntando se isso se aplica a você e qual a relação com a humildade. Deixe-me compartilhar apenas dois exemplos de desafios de liderança que afetam a produtividade na maioria das organizações: evidências de baixo envolvimento dos funcionários e custos de rotatividade:

1. Em uma amostra aleatória com mais de 30 mil funcionários, Gallup (Harter, 2018), foi relatado que o engajamento dos funcionários nos EUA havia aumentado para 34% – ainda muito baixo, mas o nível mais alto desde que o dado começou a ser documentado. Treze por cento dos funcionários relataram estar ativamente desengajados (indicando experiências de trabalho deploráveis) e 53% "não estavam engajados". Em outras palavras, 66% dos funcionários foram descritos como não sendo "cognitiva e emocionalmente conectados ao trabalho e ao local de trabalho; eles geralmente aparecem para trabalhar e fazem o mínimo necessário, mas rapidamente deixam a empresa por outra oferta um pouco melhor." Isso resulta em uma enorme perda de produtividade potencial – não apenas pelo desempenho mínimo desses 66%, mas também devido ao efeito negativo que muitas vezes geram no trabalho dos outros e na cultura do local de trabalho. O fato de quase dois terços dos funcionários estarem fazendo o mínimo exigido em seus empregos (e dispostos a sair) implica que a maioria dos líderes não está criando recipientes saudáveis para trabalharem juntos. Como a humildade na liderança é o recipiente para relacionamentos saudáveis, isso representa uma oportunidade significativa: imagine o ganho de produtividade se pudéssemos gerar

de 20% a 30% a mais de engajamento dos funcionários com os objetivos coletivos.

2. Os talentos importam. Atrair e reter talentos é outra questão importante da liderança. McKinsey & Company (2017) relatou que os talentos decisivos podem fornecer um aumento de 400% a 800% na produtividade em relação aos funcionários de nível mediano, com a lacuna mais ampla pertencendo a cargos de alta complexidade (como desenvolvedores de software, profissionais médicos de ponta e gerentes que lidam com informações ou interações complexas). No entanto, os melhores funcionários têm a maior oportunidade de sair. Quando os líderes entendem como recrutar e reter funcionários talentosos, o benefício é significativo. Infelizmente, muitos não reconhecem a importância da humildade para isso. Por exemplo, em um estudo em larga escala sobre evasão, o Work Institute (Sears, 2017) descobriu que 75% dos motivos pelos quais os funcionários saem de uma empresa (incluindo a cultura do local de trabalho e os comportamentos dos líderes) poderiam ter sido evitados pelos gerentes. Em outras palavras, a maior parte da rotatividade é causada quando os líderes criam recipientes insalubres. Isso afeta significativamente os resultados financeiros: a Catalyst (2018) estimou seus custos de rotatividade em 536 bilhões de dólares por ano, nos EUA. Isso reflete os custos de recrutamento, integração e treinamento, baixo engajamento em relação ao emprego e perda de produtividade devido à função vaga.

Além desses exemplos, as novas demandas dos líderes empresariais estão lhes exigindo que expandam sua competência de liderança. Abordar esses problemas de forma eficaz exigirá um trabalho conjunto. A recuperação econômica após a pandemia da Covid-19 apresenta novos desafios, assim como novas oportunidades, à medida que as indústrias se remodelam. Os líderes enfrentam necessidades financeiras e forças competitivas drasticamente inéditas, bem como o desemprego em massa e a necessidade de novos treinamentos para os funcionários. Tecnologias como a inteligência artificial e a ciência genética também estão prestes a causar grandes mudanças no trabalho e nos mercados mundiais na próxima década. E fatores urgentes na interface entre as empresas e a sociedade são muito afetados pelo comércio, exigindo líderes empresariais que representem e integrem os interesses de todos os stakeholders. Isso inclui o impacto das viagens na saúde global, nas mudanças climáticas, nos desequilíbrios comerciais, nas disparidades na distribuição de riquezas (e a instabilidade política resultante), na globalização dos mercados e na reação contra a imigração, assim como no uso (abuso) das tecnologias de comunicação.

Embora alguns desafios afetem determinados negócios mais do que outros, será importante que todos os líderes orientem suas organizações de novas maneiras. Alguns líderes se concentram tanto em fatores analíticos envolvidos na otimização das margens de lucro que negligenciam os fatores humanos que estão realmente gerando resultados. E o mais importante é a humildade na liderança, porque é o recipiente para estabelecer relacionamentos saudáveis – para trabalhar junto de maneira eficaz. Felizmente, vemos alguns líderes fazendo progresso nesta área:

> Na Costa Oeste, é comum encontrar negócios que alinham as nossas ações aos nossos valores. Isso encorajou as lideranças

empresariais a se guiarem mais pelos valores, do que simplesmente se concentrarem em questões de curto prazo. As companhias aéreas são negócios baseados em pessoas. Os investidores desejam alta utilização de ativos e altos retornos e assim por diante, e eu fui atraído pelo setor porque existe uma álgebra fantástica que uma pessoa com orientação analítica pode passar toda a carreira otimizando.

Mas então há o lado humano do negócio, e isso levanta a questão do que é mais importante – a álgebra ou a cultura? Eu acho que as pessoas têm que vencer. Se elas se sentirem confortáveis e você lhes fornecer as ferramentas para enfrentar os desafios, elas darão tudo de si e ajudarão a empresa a prosperar e ter sucesso. E é a razão pela qual a Alaska ainda está aqui, enquanto tantas outras companhias aéreas maiores e menores do que nós fracassaram. É o nosso pessoal. —BRAD TILDEN, GERENTE, PRESIDENTE E CEO DO ALASKA AIR GROUP

Então, por que não há mais líderes bem-sucedidos? O caminho mais promissor para otimizar o desempenho organizacional é promover o alinhamento das pessoas para que dediquem suas melhores energias a um plano compartilhado. Garantir esse tipo de alinhamento hoje corresponde melhor à influência e à inspiração promovidas pelo líder do que ao controle. A maioria dos líderes vislumbram e se direcionam pelos resultados – além do poder. Normalmente, o poder é usado de duas maneiras: por meio de coerção (comando e controle) ou por meio de transação (recompensa e punição, cenoura ou chicote). Isso funciona até certo ponto, mas costuma ser limitado porque as pessoas se ressentem ao serem coagidas e veem a abordagem transacional como algo manipulador. O poder comum pode ganhar a adesão dos stakeholders. No entanto, ao apoiar a dignidade dos outros, a humildade na liderança é *extraordinariamente poderosa* na tarefa de envolver os corações e os espíritos alheios, extraindo suas melhores contribuições. Muitos líderes ainda enfatizam o controle, porque pouquíssimos entendem o poder da humildade para inspirar os outros e navegar entre a dinâmica interpessoal e as opiniões conflitantes acerca das questões urgentes. Schein e Schein (2018) apelaram à liderança com humildade para substituir a abordagem transacional por outra mais pessoal, a fim de construir relacionamentos mais abertos e de confiança.

Construindo um Ambiente Agradável

Lidar com isto começa ao nos colocarmos no lugar dos outros. Pense nas três perguntas que as pessoas fazem em relação aos líderes: Quem É Você, Para Onde Estamos Indo e Você Me Vê? Em vez de confiar no comando e controle para obter apoio, ou no uso do medo e da intimidação como motivadores, os líderes humildes criam um espaço mais agradável para a dignidade dos outros. Ao compreender e honrar as necessidades dos outros, os líderes ganham mais apoio porque seus stakeholders se engajam mais.

Como as lideranças humildes o fazem? A resposta começa com o reconhecimento de que estão sempre sendo observados por outras pessoas. *O que um líder diz e faz é examinado minuciosamente, e seu comportamento fornece a evidência que responde às três principais questões dos outros.* Em conjunto, as respostas a essas perguntas delineiam a impressão nas mentes dos outros sobre a humildade de um líder. Portanto, embora minha própria opinião sobre minha humildade seja útil, os julgamentos de meus stakeholders são essenciais, porque esta avaliação determina a qualidade de nosso trabalho conjunto.

Relembrando os três principais questionamentos que as pessoas têm em relação aos líderes, vamos considerar uma imagem espelhada das três principais respostas dadas. Essas respostas determinam, na mente dos outros, se há humildade na liderança. A Figura 2 mostra essa relação e como ela afeta a dignidade dos outros. Mostra que, enquanto líder, meus comportamentos sinalizam "Quem Eu Sou" (como pessoa), portanto, esses comportamentos fornecem respostas para as pessoas que querem saber: "Quem É Você?". Da mesma forma, "O Caminho Que Aponto" (para os outros seguirem) e "Como Eu Te Trato" fornecem respostas às perguntas: "Para Onde Estamos Indo?" e "Você Me Vê?". Como será desenvolvido mais adiante, as minhas interações com você em torno dessas questões principais apoiarão ou enfraquecerão o seu senso de dignidade ou de valor próprio.

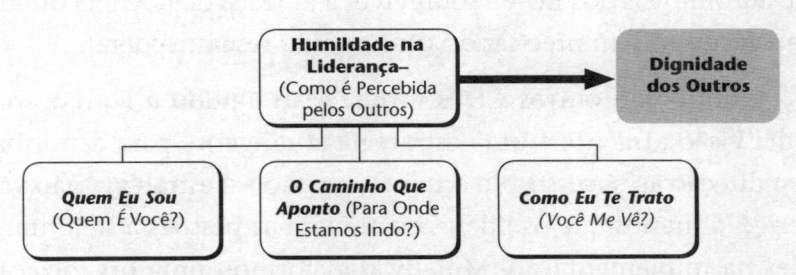

FIGURA 2. Relações entre o Comportamento dos Líderes, a Humildade na Liderança e a Dignidade dos Outros

Na medida em que crio um espaço agradável para sua dignidade – um recipiente saudável para trabalhar juntos – você se sentirá entusiasmado e engajado. E se eu prejudicar sua dignidade, há boas chances de você retirar seu apoio ou resistir à minha liderança. Meu comportamento – e a sua resposta a ele – determinará o quão produtivos seremos juntos. Portanto, a humildade na liderança tem muito a ver com o quão eficaz um líder será.

Ao criar um espaço agradável para a dignidade dos outros, a humildade na liderança muda o jogo. Não é a única coisa que precisa ser feita, mas é a base crítica para trabalhar bem com os outros. Como um ótimo exemplo disso, considere um dos casos mais difíceis da história do gerenciamento de desempenho de negócios. O best-seller *American Icon*, de Bryce Hoffman (2012), narra a recuperação e a reviravolta da Ford Motor Company indo da quase falência para um grande sucesso após a Grande Recessão de 2008. O herói desta história é Alan Mulally, ex-presidente e ex-CEO da Boeing Commercial Airplanes, que assumiu o cargo de CEO da Ford em seu declínio. Mulally aplicou uma abordagem de gerenciamento que desenvolveu e usou na Boeing, que ele chama de Sistema de Gestão do Trabalho Conjunto (SGTC). Ao usar esse sistema, a Ford se tornou a única grande fabricante de automóveis dos EUA a sobreviver à ameaça de falência durante a recessão sem precisar do dinheiro do resgate federal.

Assim como outros CEOs fortes, Alan ajudou a Ford a criar uma visão atraente e uma estratégia abrangente para caminhar em direção ao sucesso. No entanto, a visão e a estratégia não vão longe, a menos que os líderes estimulem as pessoas a se juntar a eles na implementação. Mulally transformou uma organização que estava falindo (perdendo 17 bilhões de dólares no ano em que ele chegou) em uma organização dinâmica, criando um recipiente para o envolvimento total dos funcionários e sindicatos com seu plano "Uma Ford". Associada a revisões regulares do progresso, a abordagem específica de Mulally enfatizou o que ele chama de "Comportamentos Esperados". Eles começam com "Pessoas em primeiro lugar" e "Todos estão incluídos" e acrescentam "Respeitar, ouvir, ajudar e valorizar uns aos outros".

Parte da empolgação advinda do livro de Hoffman vem de seus relatórios sobre como Mulally ganhou a confiança dos funcionários que já estavam desgastados, porque ele próprio agia e exigia nada menos do que esses comportamentos de todos em sua equipe. Em um curto período de tempo, Mulally galvanizou uma empresa de mais de 300 mil funcionários para deslocar a Ford do fracasso ao lucro, sendo classificado pela *Fortune* como o número três entre "Os 50 maiores líderes mundiais (2014)".

Mulally nos conta mais sobre o Sistema de Gestão do Trabalho Conjunto no Capítulo 7. Ele enfrentou *enormes* desafios enquanto perseguia seus objetivos de liderança. Você se relaciona com algum desses problemas enfrentados por ele e que afetam negativamente o desempenho?

- Vendas fracas/relações tensas com os clientes;

- Pessoas que não colaboram quando deveriam;

- Moral desgastada entre os funcionários;

- Vazamentos de problemas internos na mídia;

- Falta de alinhamento com os sindicatos e suas expectativas;

- Declínio da reputação da marca;

- Supervisão governamental desafiadora;

- Gestores que intimidam colegas ou subordinados; e

- Informações não confiáveis, porque os empregados estão sendo autoprotetores.

A abordagem de "Todos estão Incluídos" de Mulally demonstrou humildade porque reconheceu que os outros realizam contribuições importantes e que é necessário que todos deem o seu melhor para otimizar os resultados de uma organização. Ele também demonstrou profunda humildade ao responsabilizar a si, e a toda a equipe de liderança, por comportamentos que "respeitem, escutem, ajudem e valorizem os outros". Isso criou uma cultura em que a dignidade dos outros era apoiada.

Compreender essa dinâmica é tão importante que entrevistei pessoalmente um grupo de doze presidentes e CEOs atuais ou antigos. Meu objetivo é mostrar que a *humildade na liderança não é um princípio menor* que funcionaria apenas em lugares excepcionais ou incomuns; portanto, preciso mostrar a aplicação altamente bem-sucedida em muitas organizações que você reconhecerá. Embora minha amostra seja pequena, ela é robusta.

Os CEOs entrevistados pertencem a um conjunto um tanto incomum de líderes que são elogiados por funcionários, colegas e/ou nos relatos da imprensa não apenas por sua excelência, mas por sua humildade na liderança. Eles representam empresas de grande sucesso, com alcance global e marcas amplamente reconhecidas. No total, as organizações representadas aqui empregam centenas de milhares de pessoas e gerenciam ou geram trilhões de dólares de receita todos os anos. Esses líderes têm um impacto significativo sobre os bens e serviços que consumimos, contribuem substancialmente para nossas economias doméstica e global e representam um corte transversal de setores, governo e organizações sem fins lucrativos. O sucesso deles é uma forte evidência de que a humildade funciona.

Por padrão, portanto, a maioria dessas empresas são grandes. Eu poderia ter escolhido dentre muitas empresas menores, mas elas não teriam o reconhecimento necessário aqui. Ainda assim, a humildade na liderança e o trabalho em conjunto são relevantes para organizações de qualquer tamanho, o Capítulo 8 explica especificamente como os princípios que funcionam para essas grandes organizações também se aplicam a organizações de pequeno e médio porte.

O objetivo deste livro é demonstrar o valor da humildade na liderança. Para isso, transmitirei muitos dos *conselhos e experiências* de cada um desses líderes excepcionais. Todas as citações deles foram retiradas diretamente de nossas entrevistas. Menciono seus títulos e afiliações apenas na primeira vez que são citados no texto, a fim de minimizar a repetição; citações subsequentes são atribuídas a eles apenas pelo nome. Você já leu os pensamentos de três deles neste capítulo. Forneço introduções preliminares de todos os doze entrevistados na Tabela 1. O Capítulo 9 compartilha brevemente suas biografias excepcionais, somadas a declarações pessoais sobre como desenvolveram a humildade que os guia enquanto líderes. Informações adicionais sobre cada um deles podem ser facilmente encontradas na internet.

Podemos presumir que líderes e aspirantes ao cargo desejam ser muito eficazes. E como os líderes costumam ser grandes empreendedores, muitos desejam ser excepcionais. Este livro contém informações essenciais para auxiliá-los. A humildade na liderança melhora tremendamente a experiência do funcionário. O que gera níveis mais altos de engajamento e desempenho dos funcionários, bem como menor rotatividade. Uma liderança deste tipo ajuda a resolver conflitos e formar consenso entre os stakeholders. A humildade também é a base para uma cultura saudável de inovação, além de assegurar a reputação de uma marca brilhante. Ela é, de fato, o segredo do grande sucesso que tantos líderes procuram.

Este processo básico de criação de um recipiente saudável para trabalhar juntos – um espaço agradável que apoia a dignidade dos outros – é algo tão pouco compreendido que os próximos dois capítulos fornecem a explicação necessária. O Capítulo 2 explica, ainda, como a humildade é uma *força*, não uma fraqueza.

Em seguida, mostra a sua potência e fornece um modelo para a humildade na liderança. É importante ressaltar que os líderes podem controlar seus próprios comportamentos para melhorar o desempenho organizacional, exibindo favoravelmente quem eles são (com um caráter admirável, sendo íntegro e mantendo um ego equilibrado), estabelecendo direções convincentes (visão e estratégia para o bem comum) e tratando bem os outros (inclusão e foco no desenvolvimento). O Capítulo 3 fornece uma compreensão mais profunda da dignidade humana e por que a humildade é tão importante para grandes resultados.

Vamos fazer uma pausa para as considerações da seção "Ideias para Agir" (encontrada no final da maioria dos capítulos) que o ajudarão a aplicar este material à sua própria situação. Então, à medida que prosseguimos, vamos nos basear nos conselhos e na experiência dos CEOs entrevistados, listados na Tabela 1.

➔ IDEIAS PARA AÇÃO

1. Qual é o seu desafio de liderança mais urgente?

2. Avalie seu trabalho em conjunto com os stakeholders:

   a. Faça uma lista de todas as pessoas afetadas por suas decisões e ações.

   b. Onde você traça o limite para quem está dentro e para quem está fora?

   c. Todos os stakeholders estão incluídos (dentro)? Se não, qual o critério que orienta sua decisão de que alguns estão de fora?

3. Pense em dois líderes que são referências para você – um que você admira e outro que não. De que forma você já se perguntou sobre as três questões principais em relação a eles (Quem É Você? Para Onde Estamos Indo? Você Me Vê?)? Como você respondeu quando as respostas pareceram favoráveis? E quando foram desfavoráveis?

4. Considere como seus stakeholders avaliam essas questões em relação a você. Quais responderiam favoravelmente? Se alguns se sentirem desfavoráveis, o que você pode fazer para melhorar?

TABELA 1. CEOs Entrevistados e suas Afiliações.

NOME	TÍTULOS	ORGANIZAÇÕES	LOCAIS
Orlando Ashford	Presidente	Holland America Line	Seattle
Howard Behar	Ex-presidente	Starbucks Coffee Company International	Seattle
Phyllis Campbell	Presidente do Conselho	JPMorgan Chase, Pacific Northwest	Seattle, Nova York
Roger Ferguson	Presidente e CEO	Teachers Insurance and Annuity Association (TIAA)	Washington, D.C.
Sally Jewell	(a) Ex-Secretária (b) Ex-CEO	(a) Secretária do Interior dos EUA (b) REI Corporation	(a) Washington, D.C. (b) Seattle
Dick Johnson	Presidente e CEO	Foot Locker	Nova York
Alan Mulally	(a) Ex-presidente e Ex-CEO (b) Ex-presidente e Ex-CEO (c) Ex-presidente	(a) Ford Motor Company (b) Boeing Commercial Airplanes (c) Boeing Information, Space and Defense Systems	(a) Detroit (b), (c) Seattle
Jeff Musser	CEO	Expeditors International	Seattle
John Noseworthy, Médico	Ex-presidente e Ex-CEO	Mayo Clinic	Mineápolis
Jim Sinegal	Cofundador e Ex-CEO	Costco Wholesale Corporation	Seattle
Brad Tilden	Presidente do Conselho, Presidente e CEO	Alaska Air Group	Seattle
Jim Weber	CEO	Brooks Running	Seattle

CAPÍTULO DOIS

O Coração da Humildade

*A humildade de um líder permite que as outras pessoas vejam
como elas são importantes – que elas fazem a diferença.*
—Dick Johnson, Presidente e CEO da Foot Locker

Depois de ouvirem seu discurso inaugural, várias pessoas comentaram como a nova executiva sênior era inspiradora. Enquanto conversávamos sobre o que haviam aprendido com ela, perguntei se a consideravam uma líder humilde. Um homem resistiu a essa ideia, dizendo que a palestrante *precisava* ser confiante para conquistar o quanto ela conquistou – que as mulheres e as minorias, em especial, não podem ser muito dóceis, e devem demonstrar força enquanto lideranças para serem levadas a sério e progredir. Então perguntei se ele achava que a palestrante fora arrogante. "Não. Alguns de seus comentários garantiram que soubéssemos de suas realizações, mas ela foi habilidosa em relação a isso. Ela conquistou nosso respeito, mas não foi arrogante." Essa discussão mostra como há confusão ao redor do significado da humildade na liderança, por isso é importante demonstrarmos como ela se relaciona com a docilidade, a confiança e a arrogância.

O Que A Humildade Na Liderança *Não É*

Para ajudar a esclarecer parte dessa confusão, abordaremos primeiro o que a humildade na liderança não é. Os dicionários geralmente oferecem duas definições para humildade: uma envolve docilidade e a outra indica ausência de arrogância e de orgulho excessivo. Nenhuma das definições contém o que a humildade na liderança realmente significa. **Posso assegurar-lhe de que os líderes humildes são fortes e confiantes.** Ao evitar a arrogância, eles demarcam o ponto ideal para a confiança, conforme ilustrado na Figura 3. Considere a observação deste CEO:

> Consigo ver por que esta pergunta pode ser complicada. Algumas pessoas entendem que humildade é ser consciente de suas fraquezas, mas não necessariamente de seus pontos fortes. Nesse sentido, não seria bom para um líder. Mas não há nada de fraco na humildade na liderança. Na verdade, é um sinal de confiança. Quando você conecta a humildade ao lidar com as pessoas com um forte senso de propósito e direção, isso é um superpoder da liderança.
>
> A arrogância não é a mesma coisa e não deve ser confundida com confiança. Ela oprime os outros e os fecha. A confiança cria uma estrutura, ou um guarda-chuva, de liderança que orienta as pessoas. Frequentemente, a arrogância reflete inseguranças sérias, enquanto a confiança pode sugerir uma convicção firme e bem informada. Fazer negócios é um esporte de equipe, e os times sempre se dão melhor quando as pessoas dão tudo de si em um ambiente de confiança e apoio mútuo. —JIM WEBER, CEO DA BROOKS RUNNING

Em uma linha semelhante, Morris, Brotheridge e Urbanski (2005, p. 1331) definiram a humildade como "a crista da excelência humana entre a arrogância e a modéstia". A Figura 3 mostra essa relação; depois, explico como a humildade se relaciona com a docilidade e a arrogância.

FIGURA 3. A Humildade na Liderança no Contexto de Termos Comuns.

A Humildade na Liderança *Não É* Docilidade

A ideia de humildade como docilidade tem origem baseada na fé. Alguns estudos interpretam a humildade como uma visão de si mesmo que pressupõe que existe algo maior do que você (Ou, et al., 2014). Isso pode implicar uma crença em Deus ou uma doutrina religiosa específica que sugere humilhar-se perante um poder superior. Mas a docilidade nem sempre é baseada na fé. Ela pode ser o reflexo de uma educação cultural que desencoraja a afirmação dos pontos de vista de cada um – ou fatores de personalidade, como timidez ou falta de confiança.

Independente da causa, quando as pessoas pensam em humildade apenas como docilidade, é fácil entendê-la como imprópria para a liderança. Líderes com humildade precisam ser confiantes e fortes o suficiente para definir uma direção, correr riscos razoáveis e assumir responsabilidades. Eles precisam valorizar suas habilidades e realizações – e reconhecer suas limitações. A humildade na liderança não significa mansidão.

> Existe uma linha tênue entre confiança e presunção. Uma pessoa em um grande cargo de liderança deve seguir essa linha. Ela deve ter confiança, mas não pode cruzar a linha. Eu sei o que sei e sei o que *não* sei – e estou muito confortável com ambos. É impossível saber tudo no mundo dos negócios hoje. Se eu

encontrar um líder como esse, sei que o valor das ações de sua empresa vai cair! Eu tenho que conhecer minhas limitações. Caso contrário, coloco toda a organização em risco ao tomar decisões sem saber o que estou fazendo. — ORLANDO ASHFORD, PRESIDENTE DA HOLLAND AMERICA LINES

Ausência de Arrogância

A outra definição comum de humildade – a ausência de arrogância ou de orgulho excessivo – é relevante para a humildade na liderança (mas não a define totalmente). Primeiro, veremos como isso é relevante. Dentre os CEOs entrevistados, este comentário traz um bom resumo, também disponível na Figura 4:

> A arrogância é como um câncer. Ela permeia toda a organização. É uma coisa horrível. As ações falam por si. Ninguém precisa de ostentação. A humildade é necessária. — JIM SINEGAL, CO-FUNDADOR E EX-CEO DA COSTCO WHOLESALE CORPORATION

A arrogância desanima muitas pessoas (talvez a maioria). O orgulho excessivo ofusca o valor e as realizações dos outros. Se o ego do líder for muito grande, ele ou ela terá dificuldade em obter comprometimento e apoio amplo daqueles que são necessários para o sucesso (colegas, funcionários, outros stakeholders). Líderes arrogantes sinalizam seu senso de superioridade por meio dos seguintes comportamentos:

- Citar nomes persistentemente;
- Interromper as pessoas nas conversas;
- Exibições excessivas de status e de vantagens;
- Insultar, intimidar ou ser condescendente com os outros;

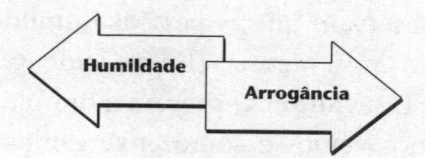

FIGURA 4. Direção da Humildade Comparada à Arrogância.

- Levar crédito pelo trabalho dos outros;
- Culpar os outros ou recusar-se a aceitar a responsabilidade por seus próprios erros;
- Gabar-se de si mesmo com frequência (ou de amigos, da família, dos sucessos).

Líderes arrogantes tendem a confiar no modelo do poder e comando para realizar o trabalho. Isso cria um clima de medo e intimidação. Se os líderes conseguirem exercer controle direto, é possível obter sucesso. Mesmo assim, embora os seguidores concordem com esta atitude, não gostarão de ser tratados dessa forma, porque banaliza suas próprias dignidades. Frequentemente, eles resistem aos direcionamentos do líder, limitando sua produtividade, vazando informações negativas para a mídia ou deixando a organização. Portanto, a arrogância deve ser evitada, líderes humildes não são arrogantes. No entanto, definir a humildade como a ausência de orgulho ou de arrogância excessivos não mostra seu verdadeiro poder na liderança.

O Que a Humildade na Liderança *É*

Se a humildade não é docilidade nem arrogância, então o que é? Alguns autores sugerem que a humildade aparece em nossas *interações* com os outros a partir de nossa perspectiva sobre nós mesmos e sobre a relação em si (Nielsen, Marrone e Ferraro,

2014). Outros observam que as pessoas humildes parecem não ter foco excessivo em si mesmas (Hess e Ludwig, 2017; Nielsen e Marrone, 2018). Esses autores esboçam a humildade relacionada à forma como nos vemos e como enxergamos os outros. Mas o que é isso exatamente? O que está *presente* quando os outros veem a humildade de um líder, em oposição ao que está ausente? É possível afirmar o que está presente de maneira *prática* para os líderes, sendo consistente com as definições e escritos existentes sobre a humildade?

Consideração pela Dignidade dos Outros

Eu defino a humildade na liderança como **uma tendência a sentir e demonstrar profunda consideração pela dignidade dos outros.*** A palavra *consideração* implica respeito ou admiração; é derivada do verbo *consideratio,* latim, que significa perceber, olhar para, observar. Enquanto a arrogância é focada em si mesma, e muitas vezes insensível aos outros, a humildade é focada nos outros e enfatiza o reconhecimento e apoio à dignidade dos outros. A Thrive Global (Davis, 2018) observou que "aqueles que cultivam a humildade... deixam de ser consumidos por si mesmos (um foco interno) para procurar maneiras de contribuir e ajudar os outros (um foco externo)".

Líderes humildes estão cientes de seus pontos fortes, mas também percebem que não têm como saber tudo. Tendo segurança em seu senso de identidade, estes líderes tendem a respeitar a dignidade dos outros, independentemente de sua posição. Este valor para a dignidade dos outros governa o discurso e as

---

* Embora haja um crescente interesse acadêmico no tópico da humildade, a humildade na liderança enquanto área de conhecimento ainda não está bem desenvolvida. O foco prático deste livro não oferece suporte à diferenciação e à validação de conceitos. No entanto, a pesquisa organizacional se beneficiaria de uma avaliação robusta da definição proposta de humildade na liderança e da experimentação empírica do modelo apresentado, especialmente em estudos de campo *versus* laboratório.

ações da liderança de forma bastante diferente do que vemos nos líderes arrogantes. Aqueles que são humildes não são apenas neutros – não apenas evitam um estado negativo (a arrogância). Eles exibem uma postura *positiva* ou afirmativa em relação (ou seja, genuinamente preocupados com) à dignidade dos outros:

> Fundamentalmente, você não pode achar que é, de fato, melhor do que as outras pessoas. Sua mentalidade e sua atitude devem ser a de que todos somos humanos, todos cometemos erros e viemos de origens e perspectivas diferentes. —BRAD TILDEN

Acrescentei o elemento do sentimento, um estado emocional, para definir a humildade na liderança por duas razões. Primeiro, é difícil fingi-lo. Os sentimentos afetam nossa comunicação não verbal, que, há muito tempo, é considerada como 93% da comunicação (Mehrabian, 1972). Nós captamos dicas sobre o que os outros pensam sobre nós a partir do tom de voz, da linguagem corporal, dos movimentos dos olhos e da expressão facial, que estão menos sujeitos ao controle consciente do que a nossa fala. E quando as pistas não verbais entram em conflito com o discurso verbal, confiamos mais nelas para interpretar o que os outros realmente querem dizer. Igualmente importante: a tendência de *sentir* consideração pela dignidade dos outros gera comportamentos razoavelmente consistentes (demonstrando um profundo respeito) que afirmam o valor dos outros. Na prática, é o *desejo* de uma pessoa humilde em afirmar a dignidade dos outros que suprime a arrogância.

Um Poder Extraordinário

Anteriormente, mencionei que os líderes têm poder. O que varia é a forma como o usam. O que pode ser considerado um uso *comum* de poder (isto é, ainda bastante comum) envolve o comando e controle, cenoura ou chicote. Às vezes, enfatizam o domínio sobre os outros por meio do medo e da intimidação. Isso pode funcionar até certo ponto, mas tem um preço. Considere estas perspectivas:

> Os líderes podem ser eficazes, mesmo que não sejam humildes. Mas é diferente. Eu me encontrei com um conhecido executivo de uma empresa de petróleo quando era Secretária do Interior. Ele era muito arrogante e claramente teve uma carreira de sucesso. Eu estava tendo uma discussão acalorada com os principais CEOs da indústria do petróleo de todo o mundo quando este homem entrou na sala. A arrogância dele tomou conta a partir daquele momento, e a possibilidade de estabelecer um diálogo respeitoso desapareceu. Ele mostrou total falta de disposição para ouvir o grupo ou descobrir o que estava acontecendo. Ficou claro que o grupo ficou intimidado com sua presença e perdemos o valor de nossa discussão, que poderia ter prevalecido por meio de uma abordagem mais respeitosa. —SALLY JEWELL, EX-SECRETÁRIA DO INTERIOR DOS EUA, E EX-CEO DA REI CORPORATION

> O interessante sobre a liderança autocrática e arrogante é que ela só funciona até certo ponto. Ela não atrai as pessoas. Ninguém permanece nesses ambientes a menos que ache que seja necessário – ou pelo dinheiro. Em muitos casos, as pessoas deixam parte de si mesmas em casa e não se conectam totalmente... entregarão o mínimo e nada mais... O estilo dominador aparece na política às vezes, mas as eleições são episódicas. Nada nos grandes negócios é episódico – você entrega uma mesma performance repetidas vezes – ano após ano. Para fazer isso, você *precisa* atrair as pessoas. —JIM WEBER

A desvantagem em usar o poder comum é que ele é, na verdade, bastante limitado em relação a motivar as pessoas: ele atrai conformidade, não envolvimento total. Como a humildade envolve demonstrar profunda consideração pela dignidade dos outros, ela vai além do poder comum. É *extraordinariamente* poderosa porque quando apoiamos a dignidade dos outros, os inspiramos e aumentamos seu entusiasmo por nós enquanto líderes. A humildade envolve seus corações, mentes e espíritos. E quando as pessoas estão energizadas e totalmente engajadas, suas contribuições criativas e produtivas aumentam. Mas não acredite apenas na minha palavra:

> Não acho possível reter as melhores pessoas ou obter a melhor energia delas se você não tem uma cultura que as alimenta, reforça os seus superpoderes e as desafia. Estamos em um jogo de longa duração e sabemos que, com o tempo, você não consegue competir com uma cultura forte. Estamos nos conectando aos talentos porque eles veem um ambiente de trabalho que os acolhe e lhes permite causar um impacto.
>
> Os líderes que operam por comando e controle não retêm seus melhores funcionários. Eles também modelarão e disseminarão o egoísmo com o tempo. Se você olhar para os resultados da Brooks, temos três pontos principais: 2001, 2009 e 2017. Saímos desta recente redefinição de estratégia com um crescimento rápido, mais de 30% na primeira metade de [2018]. Sei que nosso sucesso é, em grande parte, resultado de nossa cultura, valores e pessoas. Com o tempo, são a nossa cultura e nossa estratégia direcionada a um propósito que serão multiplicadores de forças na Brooks. — JIM WEBER

Portanto, hoje, a humildade na liderança é uma vantagem competitiva. Estrategicamente, faz sentido para os negócios e é visto como um ponto forte por muitos líderes que também são bastante confiantes e bem-sucedidos.

Necessário: Um Modelo Para a Humildade Na Liderança

Deixe-me encerrar com informações do contexto e uma breve revisão para, em seguida, reunir tudo isso. O contexto para que a humildade faça uma diferença convincente nos resultados da liderança foi mostrado por Collins (2001), que descobriu que os líderes com forte vontade (determinação feroz) juntamente com a humildade pessoal são os que conduzem as organizações à grandeza. Desde então, estudos vêm mostrando que a humildade aumenta uma série de resultados pessoais, de aprendizagem e organizacionais (ver, por exemplo, Nielsen e Marrone, 2018, para uma revisão abrangente). A maioria dos líderes é selecionada para esta função porque são empreendedores excepcionais, então presumimos que a maioria tem uma forte vontade. No entanto, a necessidade de humildade pessoal é, com frequência, negligenciada ao selecionar os líderes, e a ausência dela pode limitar seriamente sua eficácia.

O Capítulo 1 apresentou as três perguntas que as pessoas fazem a si mesmas a respeito dos líderes: Quem É Você? Para Onde Estamos Indo? Você Me Vê? E indicou que as interações da liderança em torno dessas três questões apoiariam ou enfraqueceriam a dignidade ou a autoestima dos outros. Este capítulo explicou que a humildade não é nem a docilidade nem, simplesmente, a ausência de arrogância. Em vez disso, defini a humildade na liderança de maneira pragmática como uma tendência de sentir e demonstrar profunda consideração pela dignidade dos outros. E a humildade de um líder tem muito a ver com o quão eficaz este poderá ser: apoiar a dignidade aumenta a chance de as pessoas se sentirem entusiasmadas e engajadas, já prejudicar a dignidade dos outros faz com que seu apoio seja limitado ou que haja resistência à liderança.

Dada a importância da humildade, precisamos identificar os comportamentos específicos que apoiam a dignidade dos outros. Conforme ilustrado na Figura 5, existem seis chaves: um ego equilibrado e uma integridade robusta (relacionados a "Quem Eu Sou"), uma visão atraente e estratégias éticas ("O Caminho que Aponto") e a inclusão generosa e o foco no desenvolvimento ("Como Eu Te Trato"). Eu as chamo de chaves que abrem fechaduras. Quando usamos a chave certa e a giramos da maneira correta, a fechadura se abre. Sem a chave certa, a fechadura não cederá. Da mesma forma, afetamos a dignidade dos outros de forma positiva ao usar bem essas seis chaves.

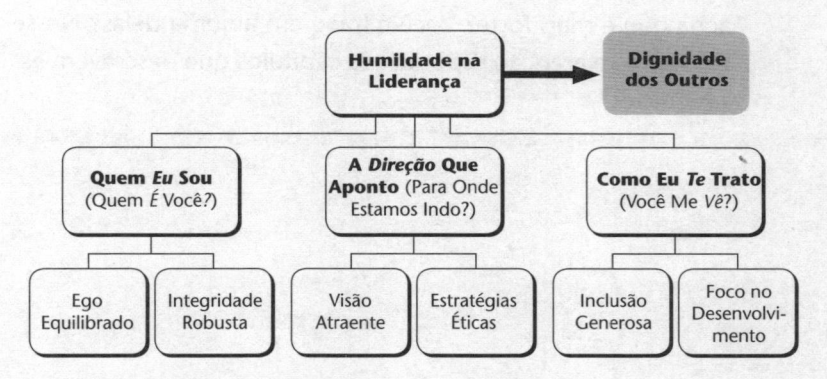

FIGURA 5. Seis Chaves para a Humildade na Liderança.

Os comportamentos relacionados a cada uma dessas chaves serão explicados nos Capítulos 4 a 6. Mas, primeiro, vamos considerar as ideias para ação. Em seguida, esclarecerei melhor o que quero dizer por dignidade humana e por que é tão importante que as lideranças a honrem – o assunto do Capítulo 3.

IDEIAS PARA AÇÃO

1. Em uma escala de 5 pontos, com 5 significando muito alto e 1 significando muito baixo, como você avalia a sua confiança?

2. Em uma escala que vai da docilidade de um lado à arrogância de outro, em que ponto você está?

3. Em uma escala de 5 pontos, com 5 significando muito alto e 1 significando muito baixo, como você avalia sua consideração pessoal pela dignidade dos outros?

4. Em qual das seis chaves para a humildade na liderança você acha que é mais forte? Você é fraco em alguma delas? Nesse caso, preste atenção especial aos capítulos que descrevem essas chaves.

CAPÍTULO TRÊS

A Questão da Dignidade

O bem mais luxuoso, o maior tesouro que
qualquer um tem, é a sua dignidade pessoal.
—Jackie Robinson

Uma boa estratégia de negócios deve ser centrada nas pessoas, porque os stakeholders têm um interesse pessoal: eles podem agir, de uma forma ou de outra, com base em sua aprovação ou sua reprovação das ações das lideranças. Portanto, uma das principais preocupações dos líderes precisa ser a criação de um ambiente saudável para trabalhar em conjunto com todos os stakeholders: compradores/clientes, funcionários, acionistas, cidadãos da comunidade, reguladores, constituintes da cadeia de suprimentos, membros do conselho, colegas de trabalho, chefes e, até mesmo, a imprensa. Esse ambiente inclui as culturas internas que construímos *e* as metas externas que estabelecemos.

Você deve pensar a longo prazo. O pensamento de curto prazo promove decisões mais egocentradas ou unilaterais. No longo prazo, ações baseadas na humildade geram maior retorno sobre o investimento... Precisamos reconhecer a importância de considerar o bem dos stakeholders em oposição a pensar apenas no valor gerado aos acionistas. O valor para os acionistas leva a uma visão transacional das pessoas – as pessoas estão lá apenas para obter lucro e retorno para eles. Pensar no bem dos stakeholders é uma visão mais ampla das pessoas (por exemplo, os clientes, os funcionários e os fornecedores) e é preciso humildade para valorizar isso. —PHYLLIS CAMPBELL

A abordagem bem-sucedida dos relacionamentos com os stakeholders começa com a lembrança de duas verdades fundamentais e como elas se aplicam à liderança. Primeiro, os líderes detêm o *poder* de iniciar, influenciar e implementar. O poder organizacional frequentemente envolve controle: poder contratar e demitir funcionários, alocar atribuições e recursos, convocar reuniões para prestação de contas, avaliar o desempenho e fornecer suporte emocional (ou culpar) quando surgirem desafios. Além da organização, as lideranças, coletivamente, tomam decisões que mostram seu poder de selecionar fornecedores, afetam as comunidades (fazendo lobby e legislando, abrindo ou fechando fábricas) e impactam o meio ambiente (com práticas sustentáveis, ou não), por exemplo. Alguns estão bem cientes de seu poder; outros parecem mal considerá-lo. Alguns apreciam o poder para uso pessoal. Aproveitando as vantagens que vêm com ele, garantem que todos reconheçam seu poder e se submetam. Outros parecem preferir usar seu poder para o bem comum, concentrando-se menos em si mesmos e mais em servir à organização e à sociedade da melhor maneira possível.

Independentemente de até que ponto as lideranças reconhecem seu próprio poder, o perigo surge quando ele é mal utilizado. E o abuso de poder, na maioria das vezes, vem da ignorância – ou desrespeito flagrante – em relação ao segundo princípio fundamental que precisa ser plenamente compreendido:

Todo ser humano tem e precisa de um senso de valor próprio – de dignidade.

Como a maioria das pessoas tenta manter um senso positivo de valor próprio, as lideranças capazes de interagir de modo a honrar a dignidade dos outros serão mais eficazes. Ao violar a dignidade – severa e/ou repetidamente – o líder se torna muito menos eficaz.

Por Que a Dignidade é Importante?

Dignidade implica que cada pessoa é digna de honra e respeito por si só, independentemente de seu status ou das suas conquistas. Como a dignidade se refere a um valor humano *intrínseco,* ela não pode ser conquistada nem tomada. Ainda assim, a dignidade de uma pessoa *pode* ser violada quando o comportamento dos outros falha em reconhecê-la e honrá-la. Algumas práticas representam violações graves da dignidade humana (como tortura, estupro, escravidão). Mas precisamos reconhecer que a dignidade também é violada de maneiras mais sutis. Isso pode acontecer em interações sociais casuais, mas é ainda mais sério quando associada ao poder – como acontece com os líderes.

Violações sutis geralmente decorrem da arrogância quando uma pessoa presume superioridade sobre a outra. Elas podem ser causadas por estruturas e políticas que crescem a partir da noção *compartilhada* de arrogância (um senso amplo de superioridade entre os membros de um grupo em relação a outro). Alguns exemplos dessas violações no local de trabalho são o assédio sexual, a discriminação na contratação e na promoção, o *bullying*, a condescendência verbal, críticas excessivas, assim como outros tipos de demonstração de arrogância. Infelizmente, muitas dessas últimas práticas são bem comuns entre os líderes – e seu impacto negativo é sério porque o comportamento ofensivo também está associado ao poder.

Intencionalmente ou não, quando as lideranças se comportam dessa maneira, elas violam os fundamentos da *dignidade* de outra pessoa. Uma vez que aqueles que sofrem o comportamento ofensivo não têm posições de poder equivalentes, não podem desafiar o líder abertamente (por exemplo, considere as muitas reivindicações atrasadas de assédio sexual que se tornaram evidentes durante o movimento #MeToo). Contudo, o comportamento da liderança causará ressentimento, raiva ou afastamento – em oposição à capacitação, ao envolvimento e ao entusiasmo. É por isso que a compreensão da dignidade humana e da humildade na liderança são tão importantes.

A dignidade humana em si não é um conceito novo, mas os tempos mudaram. No passado, as pessoas eram mais complacentes com a liderança autocrática (e até mesmo condescendentes). Hoje, mais pessoas são escolarizadas, conscientes dos direitos humanos e sensíveis a maus-tratos enquanto funcionários, consumidores e cidadãos.

> Muitos dos trabalhos hoje também requerem funcionários altamente qualificados ou com alto nível de escolaridade. Estas pessoas esperam ser tratadas com respeito. É preciso humildade para fazer isso. A geração mais jovem também espera alguém com quem conversar, que a ouça e que seja compassivo. Por isso, a humildade na liderança é importante. Às vezes encontro executivos de outras empresas e fico surpreso com a forma como eles chegaram onde estão porque são muito desrespeitosos.—JEFF MUSSER, CEO DA EXPEDITORS INTERNATIONAL

Viagens, mídia e litígios famosos ajudaram o público a reconhecer quando a dignidade está sendo apoiada ou violada. Como esperamos ser ouvidos e ter nossos pontos de vista respeitados, há uma exigência muito maior para que as lideranças usem seu poder com sutileza – que sejam capazes de se envolver conosco em torno de nossas *necessidades* e formar um consenso a partir de nossos *pontos de vista conflitantes*. Na verdade, uma das principais responsabilidades da liderança é orquestrar e administrar, de modo respeitoso, as conversas difíceis ou controversas. Infelizmente, muitos líderes demoram para ajustar o uso de seu poder. Eles entendem que liderança significa obter vantagem sobre os outros, às vezes por meio de arrogância ou de domínio baseado em uma suposta superioridade:

> A arrogância rebaixa o desempenho de qualquer organização. As pessoas pensam que a liderança arrogante e autocrática melhora o desempenho, mas isso não acontece. Você perde pessoas – boas pessoas. Não há confiança. E as pessoas olham por cima do ombro quando não há confiança. Elas se preocupam em se proteger. Portanto, é difícil ter uma organização dinâmica. E, assim, a rotatividade é alta. As pessoas só ficam se não houver medo. Se a economia estiver ruim, elas até podem ficar, mas assim que melhorar vão embora. —HOWARD BEHAR

Há uma vantagem significativa a ser obtida apoiando a dignidade de vários grupos em vez de dominar completamente ou tentar ganhar posição no curto prazo. Para apoiar a dignidade humana, os líderes precisam primeiro de uma compreensão clara do que as outras pessoas consideram como dignidade. Então, elas podem perceber como a humildade na liderança afeta a dignidade durante suas interações.

Explicando a Dignidade

A dignidade humana deriva da nossa identidade. Baseia-se nos valores culturais que defendemos sobre a inviolabilidade da vida, assim como nos sentimentos que temos sobre nossas qualidades individuais e pessoais. Assim, ela se constitui tanto de componentes básicos quanto pessoais (ou únicos).

Componente Básico

Em sua forma mais básica, a dignidade humana é fundamentada em nossas crenças culturais sobre a inviolabilidade da própria vida. Muitas tradições religiosas e leis promovem a noção de que a vida deve ser valorizada e protegida. O assassinato é considerado errado e temos debates contínuos sobre o direito à vida do nascituro, a crueldade da pena de morte, a tragédia do suicídio e, correlativamente, a pertinência de escolher acabar com a própria vida durante uma doença terminal. Temos outras leis e políticas que protegem as crianças, por exemplo, considerando que elas são vulneráveis. Essas políticas não existiriam se não valorizássemos fundamentalmente a *vida humana* – em oposição às nossas leis de proteção do bem-estar animal, que são mais fracas.

Crescemos com um senso básico de que nossas vidas são valiosas simplesmente porque existimos. Essa crença então se estende às políticas e às expectativas em torno da decência do trabalho, como a responsabilidade dos empregadores em fornecer ambientes de trabalho seguros e saudáveis. Por fim, esperamos que as lideranças demonstrem compaixão razoável por muitas questões humanas que afetam o trabalho, como doenças ou perdas graves, ou a pressão atual que os empregadores enfrentam para conceder licença parental remunerada. Todas essas práticas derivam do componente básico de nossa dignidade: a própria vida humana deve ser valorizada. Esse componente é a base da nossa dignidade. É sobre esta base que cada um de nós constrói um edifício maior e muito mais pessoal.

Componente Pessoal

O componente pessoal (ou único) da dignidade consiste nos elementos que diferenciam uma pessoa de outra. São aspectos da nossa identidade que nos tornam únicos e dos quais sentimos orgulho *ou* desconforto. Os exemplos podem incluir o seguinte:

- Características demográficas (como etnia, gênero, idade);

- Talentos e conquistas;

- Estrutura familiar e pertencimento;

- Membro de grupo ou tribo (nacionalidade, religião, origens e assim por diante);

- Status econômico;

- Valores, cultura e subcultura;

- Língua;

- Aparência física (como altura, peso, cor da pele, tatuagens, textura do cabelo);

- Orientação sexual e identidade.

Deixe-me apresentar apenas um exemplo comovente. Em uma tarde, Mia voltou da escola muito chateada. Ela disse à mãe, Cecily, que a professora, ao tentar lhe dar apoio, fez várias referências à Mia como sendo de uma família desfeita. De fato, não havia pai em casa, então a professora fez algumas suposições. Cecily convocou uma reunião com a professora para informá-la de que havia chateado Mia e que, como adulta solteira, Cecily optou por engravidar por inseminação artificial porque queria ser mãe. Ela disse: "Nossa família não está 'desfeita'. Ela está intacta, com nós duas, desde o dia em que Mia nasceu."

Escolhi esse exemplo porque ele é controverso – e esse é o ponto. Não importa quais são os nossos julgamentos; é a dignidade dos outros que é importante. Embora as suposições da professora sobre um lar desfeito possam ter sido razoáveis, Mia tinha tanto direito quanto as outras crianças de se sentir orgulhosa de sua estrutura familiar, mas seu senso de dignidade foi ferido. A professora, que desempenhava um papel de liderança em sala de aula, precisou mudar seu comportamento para apoiar o componente pessoal da dignidade desta criança.

Uma lista completa de exemplos específicos seria quase infinita, e é por isso que precisamos abraçar a humildade. A humildade na liderança fornece a orientação de que devemos apoiar a dignidade dos outros; como princípio para relacionamentos saudáveis, ela orienta as ações e as respostas de que precisamos para agir em situações específicas. Tal como aconteceu com a professora, todos nós enfrentamos situações em que cometemos erros. Isso é humano, mas a forma como respondemos é parte do ambiente que criamos para trabalhar em conjunto. Felizmente, a professora pediu desculpas a Cecily e a Mia e se tornou mais cautelosa quanto aos julgamentos que fazia e em relação às palavras que usamos e que costumam ter implicações negativas.

Cada um de nós precisa de um senso positivo de valor próprio – e *é cada um de nós quem define o que é considerado digno em relação a nós mesmos*. Temos a tendência a valorizar em nós as características que são amplamente valorizadas na sociedade (como a inteligência ou a atratividade). Também podemos ter opiniões positivas sobre qualidades pessoais que os outros *não* consideram favoráveis (como etnia, gênero, altura, estrutura familiar ou fé). E somos sensitivos ou temos vergonha em relação a outras qualidades que temos (talvez excesso de peso, um sotaque, uma fraqueza ou uma limitação). Quer tenhamos sentimentos positivos *ou* negativos sobre nossas qualidades pessoais, se outros desprezarem essas qualidades, nossa dignidade sofrerá um golpe. E muitos de nós sentiremos isso, sejam os comentários feitos diretamente para nós ou sobre outras pessoas que compartilham características semelhantes. Se eu tenho cabelo loiro e alguém faz piadas sobre "loira burra", minha dignidade é atingida, embora ser loira, geralmente, seja considerado uma característica positiva. Da mesma forma, se eu luto tentando perder dez quilos e alguém comenta que pessoas com sobrepeso são preguiçosas e autoindulgentes, minha dignidade sofre um golpe.

O que ofende uma pessoa pode não ofender outra. Isso se dá em parte graças à sensibilidade pessoal (às vezes é o caso – mas nem sempre). Quando ficamos surpresos por nossos comentários, ou comportamento, ter ofendido outra pessoa, é fácil presumir que essa pessoa é muito sensível. Mas perceba que, quando assumimos que os outros são muito sensíveis e não deveriam ter se ofendido, estamos conferindo uma superioridade ao nosso próprio julgamento sobre a reação do outro. O risco é que não questionemos nosso próprio comportamento, quando talvez devêssemos.

Nossos comentários ou comportamentos podem, na verdade, ser ofensivos se as pessoas tiverem opiniões fortes sobre a característica específica que criticamos. Se não fosse importante para o senso de valor próprio, um comentário negativo poderia ser ignorado. Mas, se for uma fonte de profundo orgulho ou desconforto, o golpe será sentido. Para além disso, uma piada por si só pode não causar danos, mas piadas repetidas ou comentários negativos feitos pela mesma pessoa ou com um tom seriamente depreciativo podem prejudicar o relacionamento. E se a sociedade frequentemente denigre certas características pessoais (etnia, fé, idade, peso), a sensibilidade pode ser muito bem justificada. É por isso que é tão importante não fazer piadas à custa dos outros. É mais útil tentar entender por que as outras pessoas têm sensibilidades específicas – assim como todos nós – e respeitá-las.

Interagindo com a Dignidade dos Outros

Entender que a dignidade tem um componente muito pessoal pode aliviar um pouco a confusão em relação ao politicamente correto e ao ressentimento gerado pelos questionamentos de comentários que fazemos. Nossa cultura está se expandindo em sua diversidade. Podemos responder a isso de duas maneiras. A primeira é com uma atitude de superioridade que implica: "Eu sou melhor do que você e posso decidir o que é valioso ou indigno sobre a sua pessoa – e é melhor você simplesmente aceitar." Em modelos de dominação de poder, isso pode funcionar. As pessoas podem obedecer porque precisam – mas é provável que não o façam de coração.

A outra abordagem é reconhecer que todos os indivíduos têm o direito de definir o que *eles* consideram digno em si mesmos. *Todos nós* temos e precisamos de dignidade – um senso de valor próprio – e a dignidade de ninguém (incluindo a minha) é superior a de outra pessoa. No entanto, enquanto liderar outras pessoas, eu sou responsável por honrar a dignidade *delas* porque eu crio o ambiente para trabalharmos juntos. Hicks (2018,

p. 16-17) descreveu honrar a dignidade em termos de práticas que incluem a aceitação das identidades, o reconhecimento (dos talentos e do trabalho árduo), a inclusão e a responsabilidade por suas próprias ações quando você viola a dignidade dos outros. Isso levanta três questões importantes.

Primeiro, como a dignidade se encaixa na competição, na vitória e nas noções de mérito? Não posso sentir orgulho pelo que realizei? Claro que pode. Nossas realizações são parte de nosso próprio senso de valor próprio. É totalmente apropriado que nos sintamos orgulhosos do que conquistamos – assim como compartilhemos isso com os associados mais próximos. Mas se ostentamos nossas realizações perto de outras pessoas que não as fazem com frequência, corremos o risco de ofender sua dignidade. E, se concluirmos que somos *fundamentalmente melhores do que os outros* devido às nossas realizações, encontraremos muitos descrentes. Todos nós temos pontos fortes e fracos. As pessoas podem nos admirar por alguns de nossos pontos fortes, mas isso não significa que elas acreditam que são menos dignas por seus próprios atributos. Como os líderes têm poder, aqueles que o exercem com ar de superioridade podem obter obediência – ao mesmo tempo que recebem desdém. Todas as lideranças precisam reconhecer e manifestar apreço pelo valor genuíno dos outros.

A segunda questão que surge em relação a honrar a dignidade dos outros diz respeito ao mau comportamento. E quanto ao comportamento ilegal ou destrutivo? Devo apoiar a escolha de alguém de fazer a coisa errada? Honrar a dignidade não requer apoiar a ilegalidade ou o comportamento destrutivo. A dignidade está estritamente relacionada ao nosso senso de valor humano. A maioria das democracias possui estruturas jurídicas que procuram honrar a dignidade ao mesmo tempo que julgam e punem o mau comportamento. Os exemplos incluem as regras sobre prisão e detenção, os padrões de evidências e os julgamentos com júri. Essas práticas derivam de ideais de direitos humanos e dignidade – embora ainda considerem os indivíduos responsáveis perante nossas leis.

Finalmente, você pode se perguntar sobre os padrões de desempenho. Honrar a dignidade dos outros significa que não podemos responsabilizar as pessoas? Manter parâmetros é sempre bom, e honrar a dignidade não é nenhuma garantia de que você impedirá um desempenho fraco. Quando comunicamos os parâmetros e damos feedback sobre como o desempenho de alguém está sendo medido, estamos, na verdade, apoiando sua dignidade sendo claros sobre as expectativas que a levarão ao sucesso. Políticas de recursos humanos fortes enfatizam o estabelecimento de metas e de parâmetros, e da avaliação do desempenho – não das personalidades. O importante é se concentrar em como o desempenho dos outros se compara aos parâmetros que estabelecemos – em vez de sugerir que um déficit os torna seres humanos inferiores. Ninguém é bom em tudo. Ainda podemos sinalizar que valorizamos a pessoa, mas que seu desempenho precisa melhorar, ou teremos que tomar medidas corretivas.

Em suma, *honrar a dignidade dos outros começa com o reconhecimento de que cada um de nós é único e tem um senso ímpar de valor próprio*. Embora tenhamos muito em comum com os outros, os elementos que nos distinguem são vários. Quando as sociedades são amplamente homogêneas, as características que divergem das normas do grupo dominante são frequentemente ignoradas ou desrespeitadas, por isso poucas pessoas se manifestam, porque seu número é pequeno. No entanto, como os países se tornaram multiculturais e mais variados social e economicamente, aqueles que não fazem parte do grupo dominante tendem a estar menos dispostos a permitir que aqueles no poder os desrespeitem e os marginalizem devido às suas diferenças. Em vez disso, vemos uma aceitação social de muitas diferenças em evolução (e muitas interseções entre elas).

Essa mudança também explica por que tantas lideranças acham que trabalhar com pessoas está cada dia mais difícil e complexo. Como os líderes podem acomodar todas essas diferenças e expectativas? Há uma tendência a responder este dilema com as três respostas seguintes:

1. Alguns líderes encorajam a assimilação cultural. Eles banalizam ou desconsideram o valor dessas diferenças únicas, pedindo aos outros que se adaptem inteiramente (em vez de apenas quando essencial) à cultura dominante. No entanto, fazer isso é arrogante (é necessário um senso de superioridade para decidir que as qualidades únicas de outra pessoa *não* devem ser consideradas importantes para ela) – e é provável que viole o senso de dignidade de alguém.

2. De forma um tanto diferente, outros líderes se sentem tão oprimidos por tantos pontos de vista diferentes que tentam ignorá-los. Eles aceitam abertamente que há diferenças, mas não reconhecem ou consideram como elas afetam os resultados organizacionais (por exemplo,

como diversos membros da equipe têm percepções úteis para negócios voltados ao cliente, ou que diferentes grupos de stakeholders têm preocupações diferentes, mas válidas). Essas lideranças simplesmente impulsionam a ação em direção aos seus objetivos ou à obtenção de uma vantagem específica – como se um mesmo tamanho fosse servir em todos. Isso pode provocar reações adversas, falhas durante a implementação, interrupções nas negociações e impasses políticos.

3. O que é genuinamente necessário, é a terceira abordagem: a humildade.

O capítulo anterior apresentou o modelo da humildade na liderança. Os próximos três capítulos explorarão esse modelo a fundo. O Capítulo 4 discute o ego equilibrado e a integridade como sendo críticos para que os líderes transmitam "Quem Eu Sou". O Capítulo 5 é dedicado às visões atraentes e às estratégias éticas que mostram "O Caminho Que Aponto". E o Capítulo 6 revela que a inclusão generosa e o foco no desenvolvimento são preocupações centrais em "Como Eu Te Trato". Dominar essas seis chaves aumentará a competência de qualquer líder e contribuirá para um grande sucesso.

IDEIAS PARA AÇÃO

1. Considere os elementos de dignidade listados como exemplos na seção "Componente Pessoal" deste capítulo. Quão variáveis são os seus stakeholders e em quais dimensões?

2. Selecione três de seus principais stakeholders e tente identificar os elementos de dignidade pessoal que você acredita que têm grande significado para cada um deles. Você já percebeu sensibilidades neles que corroborem com suas crenças?

3. Enquanto líder, você se sente confortável com a diversidade? Que suposições você faz sobre as origens das pessoas?

4. Seus julgamentos pessoais sobre os *stakeholders* afetam sua capacidade de apoiar a dignidade deles?

CAPÍTULO QUATRO

Quem Eu Sou

Quase todos os homens conseguem suportar as adversidades,
mas se quiser testar seu caráter, dê-lhe poder.
—Abraham Lincoln

Quando as pessoas nos conhecem, querem saber quem somos. Quem é a pessoa por trás do nome? Essa curiosidade natural se aplica às lideranças de uma forma mais pungente, uma vez que envolve poder e influência. Dois dos aspectos mais importantes sobre quem você é, e que afetam a dignidade dos outros, são o modo como o seu ego aparece quando você interage com as pessoas e o nível de integridade com que você se manifesta. Esses, estão demonstrados na Figura 6 como as chaves para "Quem Eu Sou".

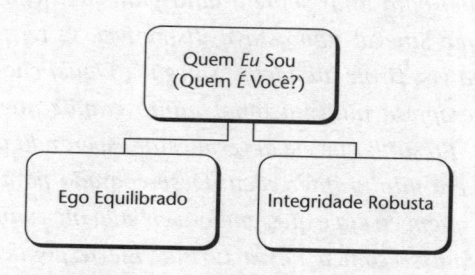

FIGURA 6. Chaves para "Quem Eu Sou".

Essas duas chaves estão diretamente relacionadas à forma como um líder usa seu poder, porque o ego e a integridade refletem o senso pessoal de uma liderança sobre si mesma em relação aos outros. Como há muitas variantes nessas dimensões, vamos examinar cada uma delas.

Ego Equilibrado

O ego geralmente é definido como a nossa opinião sobre nós mesmos, especialmente sobre nossa própria importância ou nossas capacidades. Refere-se ao senso do "eu" de uma pessoa – o eu consciente que pensa, sente e exerce o livre arbítrio. Uma maneira comum de avaliar o ego dos líderes é atentar ao modo como usam as armadilhas do poder. Este julgamento é formado a partir da observação da interação da liderança com os outros e das interações pessoais diretas. Pode surgir com o tempo ou, ocasionalmente, a partir de uma experiência rica e atraente. Um exemplo deste último caso foi o meu primeiro encontro com Jim Sinegal:

> *Recém-contratada para dirigir o Programa de Liderança Executiva na Universidade de Seattle, eu precisava arranjar um palestrante executivo em um prazo curto. Explorando possibilidades, procurei Sinegal, cofundador e CEO da Costco Wholesale. Fiz a ligação, me preparei para falar sobre a data planejada com sua assistente e ouvir que Sinegal não estava disponível. O telefone tocou uma vez e uma voz firme atendeu: "Sinegal". Fiquei chocada. Que CEO de uma empresa multinacional muito grande atende seu próprio telefone?! Presumi que ele deveria estar esperando uma ligação importante e a minha intercedeu. Despreparada para isso, expliquei, nervosa, quem eu era e que, embora ele não me conhecesse, gostaria que ele falasse com a nossa turma. Ele respondeu energicamente: "Qual é a data mesmo? Que horas? E qual é o seu número de*

telefone? Vou ter que verificar minha agenda e entrar em contato com você." Eu jurava que seria passada para um assistente, que retornaria lamentando a indisponibilidade de Jim.

Eu já havia começado a pensar em quem mais poderia convidar, quando, quinze minutos depois, meu telefone tocou. A voz do outro lado disse: "Marilyn, aqui é o Jim Sinegal. A data parece boa. Qual o local e a que horas você vai precisar de mim?." Fiquei atordoada novamente. Ele não apenas aceitou o meu pedido, mas estava falando sério quando disse que ia verificar sua agenda – então ele me ligou de volta pessoalmente! Algum tempo depois, ao me ouvir recontar essa história, Jim acrescentou: "Bom, eu nem sempre atendo meu próprio telefone, Marilyn. Mas se eu estiver lá sentado na minha cadeira sem estar ocupado, eu atendo."

Apesar de na época ainda não termos nos conhecido pessoalmente, o comportamento de Sinegal minimizou a diferença de status entre nós. Essa exibição de ego equilibrado demonstrou uma profunda consideração pela minha dignidade. Certamente, ele poderia ter pedido a outra pessoa que atendesse seu telefone ou me ligasse de volta – eu não ficaria surpresa, nem desapontada. Muitas vantagens que vêm com cargos executivos, como ter um assistente para gerenciar chamadas telefônicas e agendamentos, são projetadas para ajudar os líderes a realizar o seu trabalho de modo mais eficiente. Mas o gesto de Sinegal de retornar a minha ligação foi um toque pessoal inesperado. Sinalizou que eu era importante para ele – que ele me via não como uma intrusão em seu dia muito agitado, mas como um ser humano que merecia sua consideração e sua honestidade. A partir dessa troca convincente, senti o ego equilibrado de Jim Sinegal e senti que ele me *enxergava*.

Percebemos se os líderes enfatizam ou minimizam a diferença de status entre nós. Aqueles com ego equilibrado estão cientes de seu poder, mas são confiantes o suficiente para preferir não realizar exibições desnecessárias:

> A humildade na liderança é apreciada mesmo em líderes seniores. Muitas vezes, serei questionado em relação ao meu trabalho. Geralmente, a primeira pergunta é sobre o que eu faço, direi que trabalho para a Holland America. Podem então me perguntar o que faço lá, e direi que sou um gerente sênior. Se houver uma terceira pergunta, poderá ser sobre o meu cargo e eu direi CEO, mas geralmente não começo por aí. — ORLANDO ASHFORD

Demonstrações Excessivas de Status

De modo oposto àqueles com o ego equilibrado, os líderes que exibem ego elevado tendem a enfatizar seu status de várias maneiras, como garantir que seu título formal seja amplamente conhecido e usado, que as vantagens de sua posição sejam visíveis e que os outros se submetam a elas. Eles costumam usar os serviços de apoio para realizar tarefas simples ou pessoais, mesmo quando poderiam fazê-las por conta própria. Podem minimizar sua associação ou mostrar desdém por pessoas que estão abaixo na escala de poder. Desfrutando da sensação de poder de ter suas opiniões reforçadas, tendem a tolerar poucos desacordos e se cercam de aduladores. Lideranças deste tipo são vistas pelos outros como exibidoras de ego elevado e, portanto, recaindo em uma falta de humildade. Seus comportamentos são focados em si mesmos (ou até mesmo desrespeitosos com os outros) e prejudicam a dignidade dos outros ao elevar seu senso de valor próprio acima dos demais. Enquanto algumas pessoas admiram o modelo de liderança do homem forte, hoje, muitas não mais. Geralmente, as grandes demonstrações do ego são vistas como profundo desrespeito à dignidade dos outros. Além disso, a falta de humildade de um líder impossibilita o trabalho em equipe:

> A humildade é uma *força*. É a verdadeira confiança em si mesmo, por isso você não precisa estampar na cara. Não existe conflito entre a força na liderança e a humildade. Ser humilde não é o mesmo que ser fraco. Você pode ter parâmetros muito elevados e, ainda assim, ser humilde. Mas, no final das contas, percebo que não sou eu quem realmente entrega os resultados – são as outras pessoas. Eu desempenho o papel de *reunir* as pessoas para gerar os resultados. Portanto, a humildade é importante.
> —JEFF MUSSER

Arrogância e Autopromoção

Independentemente de enfatizarem, ou não, as diferenças de status, alguns líderes serão vistos como desprovidos de ego equilibrado porque esbanjam arrogância. Conforme indicado no Capítulo 2, a arrogância aparece em ações como a citação de nomes com frequência, gabar-se de realizações pessoais ou fazer comentários condescendentes ou insultuosos aos outros, indicando que eles são menos importantes. Às vezes, as lideranças arrogantes, vendo-se como o centro do sucesso da organização, assumem o crédito pelo trabalho que, na realidade, foi realizado por muitos – assim como culpam os outros ou se recusam a assumir responsabilidade por seus próprios erros. Embora a arrogância seja irritante em contextos sociais, ela é muito pior entre os líderes – porque está associada ao poder.

Isso pode parecer um paradoxo já que muitas vezes a autopromoção é necessária para que os candidatos sejam vistos e selecionados para as posições de liderança. Para se diferenciar na multidão e avançar nas suas carreiras, geralmente precisam demonstrar uma forte confiança e certificar-se de que os outros conheçam as suas conquistas. A confusão é resolvida com a compreensão de que somos vistos de maneira diferente quando *temos* poder. A presença do poder deixa as pessoas ainda mais preocupadas em relação a quem são. Então, uma vez que o poder está em suas mãos, os líderes precisam diminuir as exibições de seu ego e se concentrar mais nos outros.

> A humildade *não* é docilidade ou o oposto da força, mas, sim, ser destituído de arrogância. Significa que não estou com medo. Sou autoconfiante e consigo dialogar em vez de debater. Humildade significa ter visão modesta da própria importância, não achar que você é melhor, ter os pés no chão. Também significa compreender que existem necessidades universais, que "aquele homem" é você, que todos nós temos valor humano. C. S. Lewis disse que humildade não é pensar menos de si mesmo, mas pensar menos em si mesmo... —ALAN MULALLY, EX-PRESIDENTE E EX-CEO DA FORD MOTOR COMPANY E DA BOEING COMMERCIAL AIRPLANES, EX-PRESIDENTE DA BOEING INFORMATION, DEFENSE AND SPACE SYSTEMS

Autoconsciência

Ter um ego equilibrado requer autoconsciência. As lideranças precisam ter uma noção precisa dos pontos fortes que representam para o contexto, mas também precisam saber quando e como modular seus comportamentos – quando liderar, quando ouvir, quando recuar e incentivar os outros a seguir em frente. Construí-la requer uma certa *vulnerabilidade*. Não é possível que o líder saiba tudo, e muitas vezes pode aprender com os outros dentro da organização – mesmo com aqueles que são mais jovens, mais novos na organização ou com status inferior, ou que vêm de diferentes origens profissionais ou culturais. Líderes humildes são confiantes o suficiente para serem vulneráveis.

Estão abertos a feedbacks, assim como admitem suas limitações e seus erros.

> Como CEO, é verdade que o seu ego precisa ter uma certa força para liderar e sobreviver. Mas a prática da medicina me ensinou outras coisas. Como neurologista, especificamente, vi a coragem de pacientes e de familiares em lidar com doenças complexas, confusas e, muitas vezes, trágicas. Percebi as limitações que temos em poder ajudar, e isso gera humildade. Aprendi que tenho algumas habilidades, mas me faltam outras. Muitas vezes, não sou a pessoa mais inteligente na sala. Se quero realizar algo, ajudará me cercar de pessoas que têm habilidades que eu não tenho. Nosso sistema de feedback regular e disciplinado também me ajudou. Certa vez, articulei uma visão e pensei ter sido aberto. O que eu não percebi é que muitas pessoas achavam que eu não o havia sido. Eu não tinha percebido que estava debatendo com eles; que não estava ouvindo. Meu coach me disse: "compartilhe essa percepção com a equipe e diga que está trabalhando nisso. Em seguida, verifique novamente e pergunte como você está se saindo". — JOHN NOSEWORTHY, MÉDICO, EX-PRESIDENTE E EX-CEO DA MAYO CLINIC

Igualmente importante para se manter aberto é a disposição para *buscar um feedback crítico* e aceitá-lo. Todos nós precisamos de pessoas sinceras em nossas vidas. Ninguém consegue ter sucesso sem mentores ou coachs. E quanto mais alto os líderes vão em suas carreiras, mais precisam deste feedback. Paradoxalmente, à medida que aumentam seu status, há muitas pessoas que tentam proteger os líderes de notícias que não são boas, enquanto a quantidade de pessoas sinceras diminui. As lideranças humildes estão cientes de que, como detêm o poder, é comum que haja os chamados porteiros ou guardas palacianos ao seu redor. Ao perceber que precisam de pessoas capazes de lhes fornecer um feedback crítico, aqueles que são humildes fazem um esforço genuíno para encontrá-las:

> Em posições de poder, existe um risco maior de que só chegue aos ouvidos do líder o que os outros acham que eles querem ouvir, e não o que as pessoas realmente acreditam. Quanto mais alto alguém está no poder, mais [as pessoas] selecionam as informações que fornecem. Buscar e ouvir feedbacks genuínos é essencial para que as lideranças sejam capazes de enfrentar os desafios antes que eles se tornem sérios. Quando eu estava na REI, fazendo visita às lojas de varejo, geralmente eu ia direto aos caixas, à loja de bicicletas, ao depósito e à área de armazéns. Eu queria cumprimentar e ouvir as pessoas que trabalhavam em toda a loja. Isso demonstra respeito, é claro, mas também é um ótimo lugar para encontrar insights. Quanto mais longe do poder as pessoas estão, mais são dispostas a falar. Eu acredito em conectar-se com as pessoas de todos os níveis da organização, demonstrando uma vontade genuína de ouvir e de agir.
> —SALLY JEWELL

Integridade Robusta

Integridade significa ser honesto e ter princípios morais sólidos. Isso diz respeito primeiro à conduta pessoal do líder. Embora algumas pessoas ignorem a imoralidade, muitas outras ficam ofendidas. Uma integridade fraca demonstra desconsideração pela dignidade dos outros, porque o senso de valor próprio de várias pessoas inclui os valores da honestidade e de fazer a coisa certa. Exatamente porque demandam integridade de si mesmos, não querem seguir ou se associar a pessoas que não a têm. As lideranças mostram humildade (consideração pela dignidade dos outros) comportando-se de maneiras que refletem um alto parâmetro de conduta pessoal, não apenas em seu trabalho, mas também em sua vida privada.

No contexto do trabalho, a integridade confere confiabilidade às palavras e às ações de um líder. Isso implica que ele é autêntico e honesto na comunicação, garantindo que suas ações sejam consistentes com suas palavras. Isso inclui responder de forma oportuna quando questionado e estar de acordo com os compromissos e com a comunicação esperada. Deste modo, aqueles que escutam sentem-se confiantes de que o que estão ouvindo é verdade, que podem depender do que o líder diz e que ele ou ela tem integridade em seus parâmetros particulares de trabalho.

É necessário perfeição? Na realidade, as lideranças lidam com situações complexas e muitas vezes enfrentam compensações. As relações públicas também são uma realidade. A busca pela perfeição na vida humana é garantia de decepção. Mas a integridade deve ser robusta – muito forte. Os líderes precisam ancorar suas palavras e suas ações nos mesmos valores que declaram publicamente. É necessário que saibam onde a linha da honestidade foi traçada na areia e permaneçam no lado correto. Embora esperar a perfeição possa ser irreal, algumas lideranças confundem a verdade com distorções excessivas – ou mentem abertamente e com frequência. Subestimam a capacidade dos outros em enxergar informações incorretas ou atos impróprios. Falhas frequentes ou graves na integridade são ofensivas para muitos, e a falta de integridade prejudica o trabalho conjunto.

Os líderes precisam saber quem eles são – e como os outros os veem – e comparar isso em relação a oito ou dez valores fundamentais... como cuidar, amar, dar confiança antes de receber. Portanto, realmente temos que decidir o que essas coisas significam para nós. Valores não são o que eu ou qualquer pessoa dizemos, mas o que realmente *fazemos*... Como meus valores informam as minhas decisões e o que eu faço? Como eles dão forma àquilo que eu quero da vida?

Uma das minhas maiores frustrações é ver as pessoas apoiarem políticos que mentem e insultam os outros, mas dizem que os apoiam por suas políticas. Vou perguntar: "Então você valoriza a honestidade e a bondade para com as pessoas?" Elas dirão que sim, mas não perceberão que suas *ações* dizem que elas, na realidade, *não* valorizam essas coisas. Eu também não tenho problemas com líderes interessados em ganhos pessoais – a menos que eles mintam sobre isso. Se disserem: "Estamos todos juntos nisso", mas se dão aumentos pesados, assumem o crédito por tudo, tentam enriquecer seus currículos, e assim por diante, isso não é ser honesto. Portanto, é importante que tenham autoconsciência. Precisam entender e viver os valores que apoiam as outras pessoas. Em última análise, é dando que se recebe. —HOWARD BEHAR

Ser claro acerca de nossos valores implica que também devemos ser fiéis a nós mesmos. As lideranças devem evitar alinhar-se com causas e organizações que violam suas próprias dignidades e a dignidade de outras pessoas com quem se preocupam. E precisam se sentir à vontade para falar e expressar seus próprios pontos de vista, mesmo quando possa parecer estranho ou impopular:

No início da minha carreira, costumava me conter se minha opinião fosse diferente da opinião do grupo. Achava que poderia ser vista como agressiva demais ao expressar opinião diferente. E você precisa se adaptar a uma cultura. Como asiática-americana, fui criada para ter humildade para me misturar, não para me destacar. Hoje, vejo que minha integridade é mais importante. Sei que tenho conhecimentos e experiências que são relevantes. Então, sei que é importante falar aquilo que é verdadeiro para mim, independentemente de ir contra o que os outros pensam.

Também aprendi que existem diferentes maneiras de dizê-lo – e que como você diz é importante. A humildade ajuda nisso. Direi: "Não preciso que todos concordem comigo, mas vejo as coisas de forma um pouco diferente. E devo admitir que esta é só a minha opinião, mas quero expressar minhas preocupações." Portanto, é importante conhecer aquilo que é verdadeiro para você e estar confiante sobre isso, mas não ser ofensivo. Às vezes, você precisa expressar sua opinião duas ou três vezes para que ela seja realmente considerada. Mas você também deve estar disposto a ouvir e reconhecer que às vezes é melhor abrir mão da sua opinião. Você nem sempre prevalecerá, mas é importante se expressar. — PHYLLIS CAMPBELL

Finalmente, a integridade requer assumir responsabilidades e fazer a coisa certa. Os líderes são responsáveis pelos resultados sob a sua zona de influência e precisam aceitar isso totalmente. Raramente é apropriado culpabilizar outra pessoa quando as coisas dão errado. Isso prejudica a dignidade dos outros e foge à responsabilidade da liderança. Quando um líder culpa os outros publicamente, isso é visto como um bode expiatório – proteger a si mesmo ao sacrificar o próximo. Em vez disso, devem assumir a responsabilidade publicamente – mesmo que mais tarde tenham uma conversa particular com aqueles cujos erros contribuíram para o problema. Ao assumir publicamente a responsabilidade, há uma demonstração de apoio àqueles que trabalharam juntos, mesmo que tenham cometido erros. A dignidade dos outros é apoiada (e a lealdade ao líder frequentemente aumenta) porque não houve constrangimento. Por outro lado, as lideranças devem ter cuidado para não receber o crédito pelo trabalho que outros fizeram, mas respeitar as suas dignidades dando crédito àqueles que merecem. Isso pode significar elogios em público, se for o caso.

Impacto Organizacional

Um ego equilibrado e uma integridade robusta são chaves importantes para a humildade na liderança porque sinalizam para os outros quem você é. Essas chaves têm um efeito positivo em muitas das funções que os líderes desempenham. Esta seção discute o impacto do ego e da integridade na atração e retenção de talentos, na promoção da diversidade e da inclusão, na gestão de desempenho, no trabalho em equipe e na construção de um consenso sobre os problemas e a reputação da marca.

Atraindo e Retendo Talentos

Os líderes arrogantes terão problemas para atrair os talentos se as pessoas souberem muito sobre eles. Certa vez, consultei uma organização cujo CEO era extremamente respeitado por sua experiência, mas a maioria das pessoas interagia com ele de maneira tensa (sorrisos superficiais, pouco contato visual, troca verbal mínima). A preocupação da empresa era sua grande dificuldade em atrair talentos de liderança sênior em seu campo. Muitas vezes, era obrigada a fazer várias ofertas com compensações excessivas para que alguém aceitasse. Os colegas e os funcionários do CEO reconheceram que o problema era a vaidade dele. Qualquer conversa rapidamente se tornava sobre ele. Como era de se esperar, os candidatos às vagas também descobriram isso quando a notícia se espalhou nos círculos profissionais, e muitos preferiram não trabalhar para ele.

De forma semelhante, as reputações acerca da integridade – ou do comportamento imoral – de um líder são conquistadas. Poucas pessoas querem trabalhar para lideranças cuja conduta pessoal seja negativa. A maioria prefere trabalhar com aqueles a quem respeitam e admiram. Líderes sem integridade perdem seus bons funcionário, assim como o respeito.

Diversidade e Inclusão

Como a dignidade de cada um é composta de maneira diferente, pessoas cujas origens diferem da norma (como as pessoas negras e as mulheres) muitas vezes valorizam aspectos de seu ser que não são nem bem representados, nem populares na cultura dominante. Ter um ego equilibrado ajuda a evitar a armadilha de presumir que os diversos membros da equipe são menos importantes de alguma maneira. Também pode ajudar a compreender como os estereótipos comuns afetam os outros, de modo que, enquanto líderes, sejam capazes de evitá-los e apoiar melhor a dignidade dos diversos stakeholders.

Por exemplo, lideranças que são mulheres e/ou membros de grupos raciais ou culturais minoritários relatam desafios específicos sobre como são vistas ("Quem Eu Sou"), muitos dos quais foram apoiados por pesquisas. Um problema bastante comum que afeta as líderes é que as pessoas entendem comportamentos similares de forma diferente, dependendo de quem os está exibindo:

> Três quartos da minha equipe de liderança são mulheres e temos essa discussão com frequência. Vemos que as pessoas têm diferentes percepções de estilo. Por exemplo, há percepções diferentes sobre a humildade ou a raiva dependendo de quem as está demonstrando, mesmo que o comportamento seja idêntico. Minha equipe apontará que se um homem demonstra raiva, ele é visto como tendo opinião forte, mas se uma mulher o faz, ela é vista como muito emocional ou descontrolada. Estamos desequilibrados em relação ao modo como um mesmo comportamento é visto e julgado em grupos diferentes. Nós estereotipamos mulheres, homens afro-americanos, etc. Portanto, dependendo do grupo, é necessário pensar cuidadosamente sobre como um mesmo comportamento será visto pelas pessoas.
> — ORLANDO ASHFORD

Este comentário traz à tona uma infeliz realidade, as mulheres enfrentam uma gama mais limitada de comportamentos aceitáveis antes que sejam julgadas como muito humildes ou muito arrogantes, portanto elas descobrem que precisam trilhar um caminho mais restrito. Isso também é verdadeiro para os homens de minorias raciais:

> Acho que existem desafios diferentes – e um tanto arriscados. É preciso haver um equilíbrio sutil entre ser humilde sem parecer muito tímido. Você não quer recuar muito. Há a presunção com os homens brancos que eles são confiantes. Para os afro-americanos e os outros, é necessário alcançar um equilíbrio para que a humildade não pareça falta de confiança. Ao mesmo tempo, você não quer ser visto como muito agressivo. — ROGER FERGUSON

Aqueles que foram criados sob normas culturais diferentes podem acabar descobrindo que suposições sobre seu próprio comportamento geram desafios de liderança. Líderes de origens culturais diversas, muitas vezes, descobrem que precisam adaptar seus comportamentos para atender às expectativas do grupo majoritário:

> No nível pessoal, também tive que aprender a não me deixar ser estereotipada. Espera-se docilidade das mulheres asiáticas. Tive alguns bons coachs que me ajudaram com isso. Certa vez, recebi um prêmio e um deles me disse: "Você foi tão humilde que olhou para os seus sapatos, como se estivesse com vergonha de receber o prêmio". Essa mesma pessoa me ajudou a entender que meu comportamento não levou em conta o donatário. Eu tive que considerar isso. Na minha educação japonesa, fui ensinada que o prego que se destaca é martelado. Mais tarde, percebi que se alguém está tentando homenageá-la, você o honra

sendo uma destinatária acolhedora. Portanto, você também deve ter sucesso, mas sem arrogância. — PHYLLIS CAMPBELL

Por fim, as lideranças que não tem um ego equilibrado, especialmente aquelas que são arrogantes, tendem a presumir que sabem tudo. São menos abertas a ouvir diferentes pontos de vista – comportamento que prejudica particularmente aqueles cuja experiência desvia mais da norma (como as minorias sociais e as mulheres). Líderes arrogantes tendem a perpetuar sistemas que são desconfortáveis para os membros da equipe que fogem à norma.

Gerenciamento de Desempenho

"Quem Eu Sou" tem muito a ver com motivar as pessoas a se engajarem e darem tudo de si. Os líderes arrogantes são percebidos como sendo totalmente voltados para si mesmos. É difícil para os outros colocarem toda a sua energia em apoio a lideranças que só se dedicam a si mesmas. Em contraste, quando há um ego equilibrado, elas consideram a dignidade dos outros genuinamente. O medo e a intimidação são removidos do ambiente e as pessoas se tornam mais inclinadas a oferecer seus melhores esforços.

A integridade também contribui para um desempenho melhor. Quando os líderes se comportam com integridade, sua comunicação é previsível e autêntica. À medida que os outros descobrem que podem confiar no líder, deixam as informações mais acessíveis. Isso inclui descobrir problemas mais cedo, de modo que possam ser resolvidos o quanto antes. Melhorando, assim, as colaborações e o desempenho.

Trabalho em Equipe e Consenso

Um elemento essencial do trabalho de liderança é a necessidade de influenciar as pessoas, seja individualmente ou em grupos. O uso pesado do poder e as expressões de arrogância provavelmente encontrarão uma força contrária. Pode ser possível dominar ou vencer a curto prazo, mas isso provavelmente causará uma reação posterior – ou um impasse provisório. Considere situações como greves trabalhistas ou paralisações do governo. Elas representam táticas de alto risco, para ganhar ou perder, que afetam centenas ou milhares de pessoas. Frequentemente, envolvem prejuízos na remuneração e a indisponibilidade dos serviços. O que as pessoas realmente desejam é progresso, comunicação honesta e compromisso de uma oferta melhor. No final das contas, isso ocorre quando o confronto é resolvido, mas à custa de ressentimento e desconfiança cada vez maiores. As táticas de ganhar ou perder tendem a inflamar o conflito em vez de resolvê-lo, porque aqueles que foram prejudicados lembram como foram tratados e estão menos inclinados a trabalhar bem, de forma conjunta, no futuro.

As estratégias de ganhar ou perder também encorajam expressões de posições extremas. O que frequentemente leva a distorções dos fatos, com a consequente perda de confiança e repercussões negativas. É possível fazer uma checagem razoável daquilo que é dito pelos líderes.

Reputação da Marca

As organizações cometem muitos erros que são embaraçosos para a sua marca ou a sua reputação. Como as relações públicas são importantes, é natural que as lideranças queiram minimizar a exposição de problemas ou de delitos. No entanto, se houver distorção dos fatos, os danos à reputação ocorrem e podem ser duradouros. A integridade com a qual os líderes lidam com a comunicação faz uma grande diferença na rapidez e na eficácia com que a confiança é restaurada após as crises das relações públicas.

> Também podemos observar a forma como as empresas respondem às crises. A humildade tem um GRANDE impacto e afeta as relações públicas. Alguns líderes são defensivos, mas outros assumirão sua parte no problema. Por exemplo, em meados dos anos de 1990, quando a Nike foi denunciada por usar trabalho infantil, mesmo que isto ocorresse por meio de contratados em sua cadeia de suprimentos, sua reação mostrou autorreflexão e vontade de mudar. O que exigiu humildade. — SALLY JEWELL

Tendo examinado como as chaves do ego equilibrado e da integridade robusta afetam as funções rotineiras da liderança, é importante entender os comportamentos específicos que dão apoio a essas chaves. A Tabela 2 fornece uma lista de exemplos daquilo que devemos e não devemos fazer em relação ao ego e à integridade.

TABELA 2. "Quem Eu Sou": Comportamentos Recomendados

EGO EQUILIBRADO	
FAÇA	**NÃO FAÇA**
Fique orgulhoso de si mesmo, mas mostre mais curiosidade pelo sucesso dos outros.	Vangloriar-se de suas próprias posses, conquistas, etc.
Indique em palavras e em ações que os outros são importantes para você, mesmo enquanto critica suas decisões ou ações.	Ser condescendente ou insultar os outros.
Mostre confiança ao lidar com suas responsabilidades.	Demonstrar docilidade ou falta de confiança com regularidade.
Reconheça e confirme que o trabalho é realizado pelos outros.	Aceitar o crédito pelo trabalho realizado por muitas outras pessoas.
Assuma os erros e as responsabilidades.	Culpar os outros por seus erros ou culpá-los publicamente por erros que possam ter cometido.
Assuma a responsabilidade pelos problemas da organização que você lidera.	Ver-se como o cerne do sucesso da organização.
INTEGRIDADE	
FAÇA	**NÃO FAÇA**
Entenda que os valores são vistos por meio do que você faz, não do que você diz.	Agir de maneiras que não corroboram com o que você defende.
Seja fiel à sua palavra.	Dizer mentiras, distorcer a verdade e as informações.
Adapte seu comportamento para se adequar às expectativas culturais, mantendo-se fiel às suas ideias.	Permitir que seu comportamento reforce estereótipos culturais negativos (sobre mulheres ou minorias, por exemplo), sabendo que eles não te caracterizam.
Cumpra com os seus compromissos e com as suas responsabilidades, incluindo o acompanhamento das reuniões e da comunicação.	Ignorar as necessidades de outras pessoas quanto à sua presença e ao seu horário ou compartilhar informações confidenciais sem permissão.

IDEIAS PARA AÇÃO

Ego Equilibrado

1. Observe se as pessoas estão dispostas a criticar suas recomendações ou suas decisões. Idealmente, elas estarão, porque ninguém é perfeito. Observe como você responde. Você geralmente é receptivo ou defensivo?

2. Monitore a frequência com que você fala sobre si mesmo (interesses, conexões, conquistas, etc.) nas conversas com os stakeholders, em comparação com a frequência com que você pergunta sobre os outros genuinamente. Mantenha um foco menor, ou igual, em si mesmo nas discussões com outras pessoas.

3. Os subordinados parecem confortáveis provocando você? Ou eles parecem intimidados e excessivamente atenciosos? O conforto em fazer provocações geralmente significa que o seu ego não está impedindo que eles se relacionem com você.

Integridade

1. Você tem reuniões regulares com os stakeholders? Cumpre os prazos? Responde aos e-mails e às ligações? Cumpre o que promete? São essas atitudes que evidenciam seu compromisso em relação aos outros, de forma implícita ou explícita. Deixar de responder conforme o esperado demonstra falta de integridade no relacionamento.

2. Liste de cinco a oito valores que são os mais importantes para você no trabalho e na vida. Usando uma escala de 1 a 5, em que 5 significa muito forte e 1 significa muito fraco, como você classificaria seu comportamento em cada um (como você é visto em relação a esses valores)? Uma vez que esses valores são os mais importantes para você, há áreas em que é necessário ajustar seu comportamento para corresponder àquilo que você valoriza?

3. Você acha que consegue comunicar precisamente as mesmas informações a todos os stakeholders? Ou você acha que precisa modificá-las para os distintos públicos? Como você compartilha informações se/quando a sua organização descobre grandes erros? O que orienta as suas respostas a essas perguntas? Existem maneiras de melhorar a *consonância* nas suas mensagens?

CAPÍTULO CINCO

O Caminho Que Aponto

Liderança é a capacidade de traduzir visão em realidade.
—Warren Bennis

Definir visão atraente e estratégias éticas são as chaves para apoiar a dignidade dos outros, assim como ilustrado na Figura 7. Você pode estar se perguntando: "Qual a relação entre definir um caminho e a humildade? Não cabe ao líder determinar a melhor visão e estratégia para alcançar o que se deseja?". A resposta se torna evidente quando lembramos que as lideranças *precisam* das pessoas – as chamaremos de seguidores – para abraçar a direção proposta e implementá-la. É necessário converter muitos tipos de stakeholders em seguidores, sejam eles pares, clientes, funcionários, fornecedores, legisladores ou cidadãos da comunidade. Como geralmente é necessário apresentar um caminho planejado a ser seguido, os dias do líder como lobo solitário acabaram. Definir um caminho sem envolver os stakeholders e abordar suas preocupações é a receita para uma implementação malsucedida.

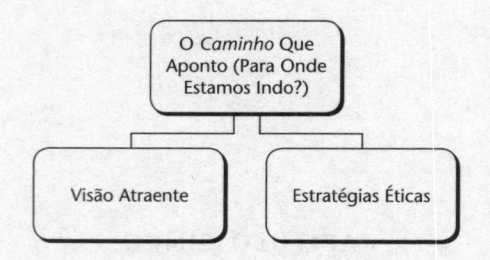

FIGURA 7. Chaves para "O Caminho Que Aponto".

Todos querem se sentir orgulhosos do trabalho que realizam e da(s) causa(s) a que servem, portanto, a visão precisa apoiar o bem comum de modo amplo. Também querem saber se a forma como suas organizações operam é ética. Esses desejos refletem valores profundos – como cada um se vê e o que os faz sentir-se dignos. Em outras palavras, o que eles desejam está profundamente vinculado à sua dignidade. Portanto, as lideranças precisam de humildade para levar a dignidade dos outros em consideração, estabelecer uma visão que atenda a todos os stakeholders e, em seguida, criar estratégias (e parâmetros para avaliar o progresso delas) para implementar essa visão. Considere estes exemplos de como a dignidade dos outros é relevante para a visão e as estratégias:

- Muitos funcionários, principalmente os mais jovens, procuram empregadores cujas visões contribuam para um benefício público. Frequentemente, são sensíveis ao impacto das operações comerciais nas mudanças climáticas e no bem social. Seu senso de dignidade influencia a maneira como decidem empregar seus talentos e suas energias. As lideranças humildes demonstram respeito por essa tendência ao estabelecer visões positivas.

- Desde a publicação do relatório de referência do Programa das Nações Unidas para o Meio Ambiente (Knoepfel, 2004) "Vence Quem Se Importa", a atenção dos investidores se estende ao foco das organizações em fatores ambientais, sociais e de governança (ESG) porque o ESG influenciam nos riscos e no retorno financeiro futuro. Os valores de muitas pessoas se alinham com atividades que sejam favoráveis ao ESG, e sua dignidade é ofendida por visões que prejudicam outras pessoas ou o meio ambiente. A Investopedia (2019) relatou que 11,6 trilhões de dólares foram investidos na incorporação de ativos ESG. Os CEOs também reconhecem a importância das visões que apoiam o ESG. Uma declaração da Business Roundtable (2019) foi assinada por 181 CEOs afirmando que a riqueza dos acionistas não é mais o único propósito dos negócios; interesses mais amplos dos stakeholders também devem ser considerados.

- No setor de tecnologia, a *Observer* (Bonzanno, 2018) relatou que funcionários do Google pressionaram a empresa a desistir de competir por contratos com o Pentágono porque os funcionários protestaram contra a obtenção de lucros a partir de contratos de guerra. O *Los Angeles Times* (Peltz, 2019) descreveu como os funcionários da Amazon pressionaram a empresa a lidar seriamente com suas questões ambientais. Além disso, a Reuters (Hunnicutt, 2019) relatou como o Twitter e o Facebook responderam à pressão dos stakeholders para assumir a responsabilidade por permitir que suas plataformas fossem usadas para disseminar informações falsas em anúncios com cunho político. A dignidade dos stakeholders foi afetada negativamente pela abordagem das lideranças na geração de receita quando o direcionamento era entendido como prejudicial para outras pessoas. Líderes humildes começaram a responder a esses desafios e a considerar estratégias alternativas.

O trabalho de algumas empresas é claramente entendido como prejudicial (por exemplo, as empresas tabagistas), assim como suas estratégias (como a Purdue Pharma, acusada de práticas que pressionavam prescrições excessivas, de modo que contribuíram para a epidemia de dependência de opioides nos EUA). É difícil, senão impossível, fechar os olhos para esses tipos de visões e estratégias danosas – ou enquadrá-las de maneiras verdadeiramente positivas. Mas para muitos líderes (se não a maioria), o desafio é pensar de forma mais ampla – e humilde – em relação à dignidade humana. O que fazemos – ou *podemos* fazer – que gera um impacto positivo no bem comum de modo amplo? Definir uma visão convincente é uma das chaves mais importantes para a humildade na liderança. Quando associada a estratégias éticas, tem efeito positivo na dignidade dos outros e gera resultados favoráveis. Examinaremos essas duas chaves da humildade mais de perto.

Visão Atraente

Os CEOs que entrevistei enfatizaram que a visão é atraente quando ela serve a um *bem comum*. A visão deve ser muito mais ampla do que as responsabilidades próximas do líder ou de seus interesses pessoais. Embora as lideranças empresariais estejam preocupadas com a vantagem competitiva e a lucratividade, os funcionários e clientes normalmente têm outras preocupações ou prioridades. Aqui está um excelente exemplo de como uma visão operacional é enquadrada em termos de um bem comum:

> Para levar uma organização a uma determinada escala, as pessoas precisam trabalhar para a organização e não apenas para o líder... A maioria de nós não quer trabalhar para atingir a visão de outra pessoa... quer sentir que está cumprindo um propósito maior. Acho que nossos funcionários sabem que o que estamos fazendo não tem a ver com a visão do Brad. É sobre a Alaska ser a melhor empresa que podemos ser – conectando famílias e comunidades, e ajudando no crescimento das empresas enquanto oferece empregos excelentes para o nosso pessoal. —BRAD TILDEN

A humildade de Tilden é evidente ao expressar sua visão de forma convincente e observar que não se trata dele pessoalmente. Ao estruturar a visão em termos como "conectando famílias e comunidades" e assim por diante, ele eleva o trabalho que está sendo feito para que os funcionários e clientes vejam o impacto maior. "Ajudando no crescimento das empresas" mostra o impacto positivo sobre os fornecedores, e "oferece empregos excelentes" não só apela para a dignidade do funcionário, mas apoia uma reputação de marca favorável (em comparação com as empresas que são vistas como tratando mal seus funcionários). É importante ressaltar que cada um desses elementos apoia a dignidade dos outros de maneira poderosa.

A visão também precisa ser relevante para os muitos stakeholders, e não apenas para os acionistas. Alguns aspectos da visão atraente podem ser incorporados nas operações centrais de uma organização (como no exemplo acima). Outra maneira de aprimorar a visão geral é por meio de decisões que afetam diretamente o bem comum – enquanto, indiretamente, afetam a organização de forma positiva. A JPMorgan Chase oferece um bom exemplo:

> Há todo um ecossistema de stakeholders. O que inclui as comunidades em que operamos. Portanto, é preciso ser esclarecido quanto a seus interesses próprios, ser humilde para perceber isso e agir de acordo. É importante que a comunidade seja forte exatamente porque nossos negócios derivam dela. Queremos que as partes carentes da comunidade também sejam fortes. É por isso que investimos 200 milhões de dólares a mais em Detroit. Uma comunidade não é saudável a menos que todas as suas partes sejam fortes. Alguns dos riscos relacionados à fragilidade da comunidade incluem roubos, violência e falência de pequenas empresas. Portanto, para nós, a mitigação de riscos é parte da motivação, mas também é o nosso etos, porque é a coisa certa a fazer. Nosso objetivo é construir relacionamentos de longa duração. Observamos todo o laço causal. E levamos isso até o fim em nossa cultura e em nossos incentivos.
> — PHYLLIS CAMPBELL

Além da operação geral positiva ou dos esforços suplementares que aprimoram a visão, o serviço que é prestado aos outros (isto é, a liderança servil) torna as visões inspiradoras e convincentes. Uma ênfase em compreender os clientes, ter empatia com suas necessidades e colocar seus interesses em primeiro lugar pode motivar as equipes, porque a dignidade de muitas pessoas é estimulada pela prestação de serviços a outras. Considere esta perspectiva de uma organização financeira cujo CEO reconheceu para mim que ele não tem uma segunda chance para cuidar bem das economias, de uma vida toda, das pessoas (ou seja, para gerenciar suas contas de aposentadoria com sucesso):

> Eu me considero o *administrador* da TIAA enquanto a lidero. Não temos ações negociadas publicamente, mas somos uma empresa de 100 anos com um trilhão de dólares em ativos. Ter empatia pelos outros é consistente com a nossa missão. Somos motivados a nos identificar com as pessoas a quem servimos. Portanto, ser humilde na maneira como pensamos sobre nossos clientes, e na forma como os atendemos, é apenas parte de quem somos.
> — ROGER FERGUSON

A administração, é claro, pode se estender para além da organização imediata e dos seus clientes, até mesmo para além do momento presente. Lideramos de maneiras que podem afetar os bens comuns de larga escala – o meio ambiente, as comunidades ao nosso redor e até as gerações futuras. A humildade na liderança pode estender uma profunda consideração não apenas pelas outras pessoas, mas também pelo mundo natural quando consideramos os impactos em potencial de forma mais ampla:

> Colocarmos a nós mesmos dentro do contexto é um atributo importante... Supervisionar a Secretaria do Interior foi o trabalho mais desafiador que já tive, com potencial de impactar muita gente e o meio ambiente. Era também uma posição em que havia influências poderosas trabalhando para moldar decisões que atendiam a interesses específicos. As decisões mais difíceis que tive de tomar foram moldadas pensando no impacto sobre as gerações futuras, guiada por meu provérbio favorito: "Não herdamos a terra de nossos ancestrais, pegamos emprestada de nossos filhos"...A humildade na liderança é necessária sempre que o ser humano se posiciona em relação ao meio ambiente.
> —SALLY JEWELL

Pode ser difícil para uma pessoa, o líder sozinho, determinar uma visão que seja a melhor e a mais atraente. As lideranças precisam mergulhar profundamente na organização ou nos grupos mais amplos de stakeholders para compor uma visão apropriada e atraente. E, à medida que solicitam pontos de vista mais amplos, é igualmente importante que realmente ouçam. Alguns líderes falam da boca para fora que desejam receber sugestões, mas rapidamente ignoram ideias ou preocupações que são difíceis de abordar ou que podem desviá-los de seu caminho original. A escuta profunda se torna evidente quando as informações obtidas são *incorporadas* na visão geral, conforme descrito nos seguintes exemplos:

> Em 2005, quando me tornei a CEO, uma das principais prioridades era transformar a REI em uma empresa muito mais sustentável. Um de meus colegas procurou ajuda externa, organizando uma reunião com cerca de duas dúzias de funcionários de distintos cargos de toda a REI para ajudar a mapear o nosso impacto na biosfera. Esses funcionários forneceram uma variedade de percepções sobre nossas práticas que foram reveladoras e, em alguns casos, perturbadoras, mas nos ajudaram a criar um roteiro para o futuro. Eles nos auxiliaram a entender como encontrar "oportunidades a curto prazo" e como atingir o maior impacto positivo possível. Contratamos um especialista em sustentabilidade e continuamos a nos aprofundar na organização de modo a melhorar nossas práticas e usar nossa influência para moldar as práticas dos nossos vendedores. Essas histórias se espalham e criam um ambiente em que as pessoas se sentem mais confortáveis para falar.
>
> Quando trabalhei na Secretaria do Interior... Havia muitos manipuladores tentando controlar meu tempo. No início, eles agendavam uma visita a um parque, uma instalação ou uma tribo para que tivéssemos uma reunião rápida, depois corriam para outro lugar, pegando um sanduíche no caminho. Eu disse: "Ei! Eu não vou embora antes de me encontrar com as pessoas que fazem o nosso trabalho, para entender melhor as suas funções e como podemos apoiar a sua missão". Por exemplo, em

terras públicas, eu queria me encontrar com guardas florestais, bombeiros, cientistas, pessoas na linha de frente e nos bastidores, para entender melhor as nossas responsabilidades. Com as tribos, aprendi a importância de demonstrar respeito, o que incluía reservar um tempo para conhecê-las pessoalmente, conhecer em primeira mão suas culturas e compreender melhor o meu papel no cumprimento de nossas responsabilidades entre governos. — SALLY JEWELL

Como essa abordagem gera visões mais eficazes, ela é especialmente importante nas situações em que há objetivos conflitantes ou quando diferentes grupos de stakeholders têm interesses conflitantes. Também se mostra verdadeira quando se lida com inovação e com problemas complexos como a sustentabilidade.

Criar uma visão atraente é um comportamento fundamental da humildade na liderança, pois leva em consideração a dignidade dos outros. Muitos stakeholders serão afetados pelo caminho que você apontar, portanto, uma visão morna não despertará muito entusiasmo. Uma visão voltada para você mesmo instigará menos ainda. Uma visão prejudicial atrairá forte resistência. Em oposição, uma visão que preserva, protege ou melhora um bem comum *inspira* a participação de todos – porque o trabalho gera mais significado. Reforçando o senso de dignidade daqueles que se associam.

Estratégias Éticas

As estratégias são concebidas como os melhores caminhos para atingir os resultados desejados, mas alguns líderes se envolvem em práticas antiéticas. Há notícias, quase diariamente, relatando crimes relacionados às lideranças; elas afetam negativamente a dignidade dos stakeholders, que se sentem manchados por associação. A frequência alarmante dos crimes tem contribuído para uma visão amplamente cansada e negativa das lideranças nos setores público e privado. Aqueles que seguem abordagens antiéticas demonstram falta de consideração significativa pela dignidade dos outros.

As estratégias éticas podem ser desenvolvidas por meio do entendimento cuidadoso das oportunidades de negócios e de alinhamento com os outros para que busquem essas abordagens. Os líderes que fazem isso respeitam a dignidade dos outros. Algumas das melhores estratégias usadas pelas lideranças humildes envolvem preços competitivos, remuneração justa aos funcionários, colaboração e integração das operações para minimizar desperdícios, assim como alinhamento da direção de toda a organização na busca ética por oportunidades de negócios. Os dois casos a seguir demonstram como isso pode funcionar muito bem.

A Costco é um exemplo brilhante. Ela alcançou o tamanho excepcional que tem hoje (aproximadamente 254 mil funcionários em 44 estados, 13 países e quase 800 lojas de varejo) em grande parte sem pagar por publicidade, embora tenha recebido atenção favorável da mídia. Em vez de publicidade na mídia, a Costco confiava nas renovações dos membros e no lucro justo com as vendas. Seu código de conduta, merchandising e tratamento dispensado aos funcionários refletem uma estratégia ética de valorização dos clientes e funcionários, respeitando suas dignidades:

> Sempre definimos uma margem de lucro justa e nunca a aumentamos simplesmente porque podemos. Não acreditamos em campanhas publicitárias – basta lançar o produto com uma

descrição básica e deixar que as pessoas decidam por si mesmas. Sempre buscamos oferecer os melhores salários e os melhores benefícios do setor. — JIM SINEGAL

Perceba que pagar bons salários e benefícios é *estratégico*: ajuda na retenção e no engajamento dos funcionários. Também demonstra a humildade na liderança ao apoiar a dignidade dos outros. Outra empresa conhecida por isso no setor de varejo é a Starbucks, que se tornou pioneira anos atrás, oferecendo benefícios (como seguro saúde) para trabalhadores de meio período. Além da compensação progressiva, também desenvolveu uma abordagem ética centrada na experiência do cliente:

A Starbucks é um negócio centrado nas pessoas. Nossos baristas interagem diretamente com muitas pessoas. Portanto, nosso negócio é sobre relacionamentos – ou seja, confiança e carinho. É assim que o desenvolvemos. Eu costumava ter uma placa em meu escritório que dizia: "Estamos em um negócio de pessoas que servem café, não um negócio de café que serve pessoas". — HOWARD BEHAR

Esse foco foi estrategicamente poderoso porque gerou uma experiência qualitativamente diferenciada para o cliente. Como prova de sua eficácia, a Starbucks tinha apenas 28 lojas quando Behar começou na empresa em 1989; sua liderança ajudou a torná-la uma gigante global antes de sua aposentadoria, em 2007.

Assim como acontece com a tecnologia e a manufatura, os modelos focados no cliente podem envolver uma complexidade significativa. Quando isso acontece, a colaboração e a integração das operações precisam fazer parte da estratégia. A Mayo Clinic, amplamente conhecida e respeitada no setor de saúde, é um bom exemplo de como a colaboração e a integração podem ser incorporadas à direção estratégica. A Mayo exige humildade de todos os membros da equipe para apoiar a saúde e a dignidade dos pacientes:

Os pacientes procuram a Mayo Clinic por um desses dois motivos: um, eles têm uma doença muito grave com um diagnóstico conhecido, mas nada resolveu até agora. Podemos ser a melhor e a última esperança que eles têm de cura. Ou dois, eles vêm até nós porque têm um conjunto de sintomas sério, complexo e intrigante, mas "ninguém sabe o que há de errado". Em ambos os casos, é necessária uma equipe de profissionais de saúde colaborando para ajudar o paciente.

Deste modo, nossa abordagem é interdisciplinar. Um determinado caso pode envolver um cardiologista, um endocrinologista, um pneumologista, um hematologista, um nutricionista, um fisioterapeuta e assim por diante. Cada um deles é altamente realizado como indivíduo e eles precisam ter humildade para trabalhar juntos para ajudar o paciente. Figurativamente, eles terão que se sentar ao redor da mesa e juntar suas inteligências para descobrir como ajudar o paciente dentro de duas a três horas. Além disso, quase 20% de nossas cirurgias são feitas por *equipes* de cirurgiões (por exemplo, cirurgiões torácicos, vasculares e cardiológicos).

Nós acompanhamos uma vasta gama de resultados. Os resultados do paciente são essenciais: nos preocupamos com eles, com a segurança, com a qualidade e com os eventos adversos. Também nos preocupamos com o desempenho acadêmico de nossos associados. Além disso, avaliamos os resultados do negócio, como a arrecadação de fundos, a gestão da marca, o desempenho financeiro, o desenvolvimento de negócios, as doações, etc. (esforços de financiamento de pesquisas, empresas iniciantes, etc.). Estamos no décimo superior de desempenho em todas as métricas e a retenção de nossa equipe é excelente. Nossa rotatividade é de apenas 2% da equipe e cientistas. O sucesso em cada um deles vem de nossa cultura de equipes e indivíduos trabalhando juntos. — JOHN NOSEWORTHY, MÉDICO

Um aspecto final da estratégia que precisa ser mencionado: o alinhamento organizacional. As lideranças geralmente acham que precisam preservar a confidencialidade dos planos e das informações financeiras. Esse pode ser o caso se houver propriedade intelectual em jogo. Mas alguns líderes guardam informações porque, assim, reforçam seu senso de status. Em contraste, as lideranças humildes encontram vantagem estratégica na disseminação de informações a todos os stakeholders, de modo que todos os envolvidos no trabalho compreendam as metas e os status. Não há apenas uma melhora no foco, mas também um reforço do comportamento ético quando as metas e os processos são divulgados publicamente:

> Se toda a nossa organização não estiver alinhada a um mesmo propósito, não temos nenhuma chance de chegar lá. É preciso humildade para perceber que não se pode fazer isso sozinho. É por isso que somos abertos e transparentes. Nosso site é muito claro acerca das nossas estratégias e finanças, para que todos na empresa tenham acesso às informações. As pessoas sabem que estão incluídas. Todos nós temos uma constância de propósito. — DICK JOHNSON

Impacto Organizacional

Uma visão atraente e estratégias éticas têm impacto significativo na eficácia da liderança. Elas não apenas definem a direção, mas também afetam até que ponto os líderes fazem com que os stakeholders sigam as direções planejadas. Algumas áreas comumente afetadas pela visão e pelas estratégias são a gestão de talentos; a reputação da marca; a diversidade e a inclusão; a gestão do desempenho, o trabalho em equipe e a construção de consensos.

Atraindo e Retendo os Talentos

Encontrar e manter grandes talentos é sempre importante – mais ainda quando a economia está aquecida. Ter uma visão atraente e estratégias éticas é importante para muitos trabalhadores, especialmente aqueles que são instruídos e ricos, pois muitas vezes têm múltiplas oportunidades, assim como examinam o comportamento e o impacto do líder. Organizações com visões atraentes são mais convidativas para eles do que aquelas cujas visões não são inspiradoras – ou pior, sabidamente danosas à população ou ao meio ambiente. Quando as estratégias e as práticas são vistas como éticas, há um aumento no desejo de trabalhar ou fazer negócios com a organização. Considere como, no mundo do consumidor, as classificações on-line passaram a ser usadas para produtos, serviços e profissionais, como médicos, advogados e professores. Assim como as avaliações dos usuários sobre suas experiências agora orientam as decisões de compra dos outros, a reputação ética e a visão convincente orientam as escolhas de emprego.

De maneira semelhante, muitos funcionários mais jovens tendem a se associar a causas inspiradoras. Eles têm um senso elevado de valor próprio (dignidade) e querem ver suas energias sendo usadas de forma positiva. Líderes que estabelecem visões atraentes e ganham reputação por estratégias éticas têm a vantagem de atrair e manter os talentos mais jovens.

Reputação da Marca

A visão e a estratégia afetam a reputação externa – às vezes positivamente, às vezes nem tanto. Considere o incidente em 2018 em que dois homens afro-americanos foram presos simplesmente por se sentarem em uma Starbucks, na Filadélfia (Tornoe, 2018). O clamor imediato do público e da comunidade afro-americana forçou as lideranças da empresa a responder. Reconhecendo a diversidade de sua base de clientes e a injustiça do incidente, a empresa optou por uma estratégia que enfatizava seu comportamento ético. O CEO, Kevin Johnson, chamou o incidente de um "resultado repreensível". E divulgou uma carta pública (Johnson, 2018) pedindo desculpas aos dois homens, afirmando que a empresa era contra a discriminação e a criação de perfis raciais, e declarou que a companhia investigaria o que aconteceu e faria alterações em suas práticas para ajudar a garantir que isso não acontecesse de novo. A empresa, de fato, fechou suas lojas por um dia para fornecer treinamento sobre preconceito implícito. A nota de Johnson dizia aos funcionários e clientes que eles tinham o direito de esperar mais da Starbucks e prometeu aprender com o incidente e melhorar. A NPR (2018) relatou que a empresa fechou cerca de oito mil lojas, em 29 de maio de 2018, para fornecer treinamento contra a discriminação racial a aproximadamente 175 mil funcionários. Isso envolveu despesas significativas, assim como perda de receita.

Trata-se de um modo de contornar a situação ou apenas relações públicas? Acho que foi mais do que isso. Atinge o cerne da *humildade na liderança* como boa estratégia. Compreendendo a dignidade dos funcionários que trabalham para a empresa e dos clientes que geram sua receita, a Starbucks adota a diversidade e a inclusão estrategicamente. Uma resposta morna teria levado a uma crítica vasta e contínua; portanto, certamente um dos objetivos era a contenção de danos. No entanto, a movimentação da empresa para se encontrar com os cavalheiros que foram presos, emitir um pedido de desculpas público no qual os líderes assumiam a responsabilidade por seus erros, fechar lojas (perdendo uma receita significativa) e fornecer treinamento corretivo para 175 mil funcionários foram declarações muito fortes de que a empresa estava falando sério sobre isso. Como a resposta estratégica demonstrou consideração pela dignidade dos outros de modo claro (os homens presos, a comunidade afro-americana, os funcionários que ficaram constrangidos com o incidente, etc.), ela demonstrou humildade. Por sua vez, as vendas não foram prejudicadas significativamente pelas manifestações e a imprensa negativa foi reduzida significativa e rapidamente. Embora tenha ajudado nas relações públicas, mostrou claramente a visão e a estratégia que as lideranças da empresa queriam seguir.

Diversidade e Inclusão

Uma vez que a dignidade de todos é importante, os líderes humildes também consideram variados grupos ao definir a visão e a estratégia. Existem distintos modos em que isso é relevante:

1. Estamos incluindo os pontos de vista dos diversos grupos nas discussões e nas decisões sobre a nossa visão e estratégias? A melhor maneira de aprender e antecipar suas necessidades é se envolvendo com eles. O processo de envolvê-los frequentemente aumentará sua adesão a uma eventual decisão.

2. Nós consideramos o impacto em suas comunidades quando aprendemos sobre elas? Nós ajustamos nossa

visão/estratégia seriamente para tentar equilibrar as suas necessidades com as dos outros?

3. Estamos correspondendo, por meio do emprego, da nossa base de clientes ou de usuários, de modo que tenhamos pessoas de confiança para nos aconselhar sobre as suas necessidades? Nós escutamos?

4. Existe diversidade em nosso conselho de administração de modo que nossa visão e nossas estratégias sejam supervisionadas por lentes poderosas que refletem visões mais amplas?

5. Vemos a diversidade e a inclusão como um ativo na forma como fazemos negócios? Considere a estratégia da Nike de apresentar o renomado jogador de futebol americano Colin Kaepernick em um anúncio de seus produtos, apesar da contínua polêmica em torno de sua postura de *take a knee** durante o hino nacional dos EUA. A Fast Company (Beer, 2019) relatou que, apesar das previsões apocalípticas de alguns, a Nike ganhou significativamente ao assumir uma posição de apoio a Kaepernick; portanto, contra o policiamento preconceituoso. A Nike entendeu que sua base de consumidores é diversa.

---

*   *Take a knee* – do futebol americano, ocorre quando um *quarterback* fica de joelhos sobre a bola, parando o jogo temporariamente. E, mais recentemente, a expressão foi usada para indicar o protesto feito - especialmente por jogadores esportivos - em um campo antes do jogo, ao se ajoelhar durante o hino nacional. [N. da R.]

Gerenciamento de Desempenho, Trabalho em Equipe e Consenso

Quando os líderes humildes usam as chaves da visão e da estratégia de maneira apropriada, todos se identificam com isso porque reforçam seus próprios sensos de dignidade ou valor próprio. O que tende a atrair seus melhores esforços, levando a um melhor desempenho.

Devido à complexidade do trabalho, muitas vezes é necessário colaboração. Ela pode ser entre departamentos de uma organização ou entre os lados opostos da política de todos os níveis do governo. Também pode ser por meio de parcerias com a comunidade ou de aplicação de regulamentos. Quando as lideranças têm humildade para considerar a dignidade de todas as partes da colaboração – e quando apoiam a dignidade dos outros – elas garantem apoio mais prontamente. Para tal, geralmente é necessária a identificação de objetivos abrangentes, de valores compartilhados para o sucesso mútuo e de elementos que podem demandar comprometimento. No entanto, o progresso é mais provável (e mais provável de ser sustentado) dessa forma do que com uma abordagem do tipo "tudo ou nada". Visões atraentes e estratégias éticas honram razoavelmente todas as partes afetadas, proporcionando, assim, facilitação na adesão.

Tendo examinado as áreas em que a visão atraente e as estratégias éticas normalmente afetam os resultados da liderança, olharemos novamente para os comportamentos específicos que são positivos ou negativos. A Tabela 3 ilustra uma lista a ser considerada pelos líderes quanto ao que fazer e ao que não fazer. Seguido por sugestões de ideias para ação.

TABELA 3. "O Caminho Que Aponto": Atitudes Recomendadas.

VISÃO ATRAENTE	
FAÇA	**NÃO FAÇA**
Construa uma visão que atenda a um propósito nobre.	Construir uma visão que atenda apenas a você.
Desenvolva produtos, serviços e ideias que promovam o bem-estar comum de modo amplo.	Violar o bem-estar social ao oferecer bens e serviços prejudiciais apenas para obter lucro, ganhar uma eleição ou garantir benefício pessoal.
Considere o impacto negativo em potencial nos distintos grupos de pessoas. Inclua a diversidade em suas deliberações.	Ignorar as necessidades e preocupações de outros grupos porque você pode controlar.
Antecipe e minimize o impacto ambiental.	Ignorar a responsabilidade pelas mudanças climáticas.
Procure proporcionar ganhos para todos os parceiros e stakeholders.	Limitar seu foco nos ganhos dos acionistas.
ESTRATÉGIAS ÉTICAS	
FAÇA	**NÃO FAÇA**
Obedeça à lei.	Fazer coisas ilegais.
Seja justo com todos os stakeholders.	Tomar atitudes injustas ou obscuras para garantir seus objetivos.
Modele valores e ética fortes.	Ser reservado e dissimulado.
Certifique-se de que seus parceiros se comportam de maneira ética.	Permitir que seus parceiros ou seus representantes usem meios antiéticos para apoiar os seus objetivos.

IDEIAS PARA AÇÃO

Visão Atraente

1. De que maneiras o seu trabalho ajuda as pessoas? Ele, de alguma forma, serve a um bem comum? Existem efeitos colaterais prejudiciais? Como líder, pense no impacto mais marcante de seu trabalho.

2. Qual é a sua posição em relação aos céticos e aos pessimistas? Você os exclui e segue seu próprio caminho? Nesse caso, considere convidá-los para trabalhar com você. Como eles podem ajudá-lo a obter um resultado melhor?

3. Você consegue enquadrar a sua visão de maneira inspiradora? Tente criar uma meta compartilhada que os distintos stakeholders queiram apoiar. Qual é a mensagem mais positiva – e honesta – que você pode compartilhar com as outras pessoas sobre a visão que você busca?

Estratégias Éticas

1. Você já presenciou práticas competitivas que acredita serem erradas, mas que são usadas por outras pessoas para progredir? Você as acompanha? Como você traça a linha do seu limite pessoal?

2. Você está disposto (e se sente capaz) de falar abertamente, caso observe um comportamento antiético na sua organização?

3. Identifique três maneiras de modelar estratégias éticas. Seria útil discutir isso com os stakeholders para garantir a sua responsabilidade (e a deles)?

CAPÍTULO SEIS

Como Eu Te Trato

Treine as pessoas bem o suficiente para que possam partir.
Trate-as bem o suficiente para que não queiram.

—Richard Branson

Talvez "Você Me Vê?" seja a pergunta crítica sobre a relação de trabalho com um líder. Ela implica: eu sou importante para você? Você entende meus pontos de vista e minhas necessidades? Sou apenas um peão para você usar para atingir seus objetivos, ou você se preocupa comigo enquanto pessoa, com meus próprios pensamentos e minhas necessidades? Você entende meu potencial como parceiro neste trabalho? E, você está disposto a trabalhar comigo, mesmo que nem sempre concordemos?

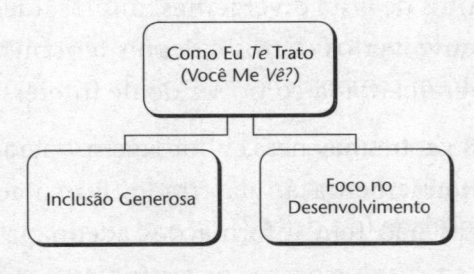

FIGURA 8. Chaves para "Como Eu Te Trato".

Qualquer pessoa perceberá atentamente como é tratada pelas lideranças ao responder a essas perguntas por si só. Assim, as duas últimas chaves para apoiar a dignidade dos outros abordam os comportamentos dos líderes que mostram aos outros que estão sendo notados. Conforme apresentado na Figura 8, uma das melhores dicas é o quão generoso você é na inclusão: se e como você envolve outras pessoas nas discussões e decisões – e a importância delas. O outro tipo de comportamento que as pessoas notarão é o seu foco no desenvolvimento mais amplo de toda a organização. Você se importa apenas com que façam o que você pediu hoje? Ou você demonstra que está cultivando um relacionamento de longo prazo, ajudando-as a crescer? Vamos nos aprofundar na inclusão generosa, na sequência e no foco no desenvolvimento .

Inclusão Generosa

Um erro comum entre os líderes é presumir que sabem quase tudo – que seu status elevado significa que os outros têm pouco a contribuir para o seu trabalho. Alguns assumem que sabem o que é melhor para os outros, mesmo estando cientes de que algumas das partes que serão afetadas pelas decisões têm opiniões diferentes. Em vez de facilitar os debates para trazê-las à tona e resolver os pontos de vista divergentes, muitas lideranças tomam decisões sem envolver os outros e depois tentam vender a ideia da decisão ou enquadrá-la como sendo de interesse de todos.

Percebeu os problemas nessa abordagem? Geralmente ela falha porque a implementação dá errado. E isso acontece quando as lideranças não têm informações adequadas, julgam mal as necessidades reais dos outros ou prejudicam suas dignidades, sinalizando que não são importantes o suficiente para serem consultados. As pessoas que estão mais próximas à ação – nas trincheiras, por assim dizer – sabem quando e como seus próprios insights podem fazer a diferença. Embora tenham funções diferentes, muitas vezes têm conhecimento, motivação, habilidade e conexões significativas para avançar o trabalho em questão. Ignorar este fato sinaliza que o líder não as está enxergando.

> Acredito naquilo que William Worrall Mayo disse: "Ninguém é grande o suficiente para ser independente dos outros". Precisamos reunir as forças. Isso é ainda mais verdadeiro hoje, quando a explosão do conhecimento é tal que nenhum de nós é capaz de saber tudo. A humildade é necessária para liderar e trabalhar com os outros. Se realmente queremos ter sucesso, vamos nos reunir e descobrir como os talentos de cada um podem contribuir. —JOHN NOSEWORTHY, MÉDICO

Embora os métodos baseados em comando e controle possam resultar em conformidade, a inclusão generosa faz com que seus parceiros de trabalho se sintam notados e valorizados. Em sua forma mais simples, *a inclusão significa convidar as pessoas a fazerem parte da ação*. Mas ela vai muito além de reunir as pessoas para reuniões de equipe que simplesmente colocam todos em uma mesma sala para compartilhar relatórios de rotina ou delegar a outras pessoas o trabalho que você não deseja fazer. Raramente essas ações fazem com que os outros se sintam notados, com a possível exceção dos convites iniciais para um encontro. Em vez disso, a inclusão generosa requer pensar em quem você está engajando, em quais atividades e de que maneira.

- **Quem deve ser considerado:** É especialmente importante envolver aqueles que provavelmente terão uma resposta emocional forte e negativa às suas escolhas ou à direção que você definir. As decisões que afetam outras pessoas (como trabalho, status, pagamento ou outros aspectos do bem-estar) exigem a inclusão generosa. Isso se aplica não apenas aos funcionários, mas também aos seus pares, aos membros de sua cadeia de suprimentos ou à comunidade – qualquer pessoa que possa ser afetada significativamente pelo que você está fazendo.

- **Em quais atividades:** A inclusão generosa significa trazer outras pessoas para as discussões das questões *importantes,* como as preocupações do negócio, o planejamento das iniciativas futuras, a resolução de desafios sérios ou a geração de melhorias de qualidade. É quando as pessoas são deixadas de fora de considerações importantes que elas sentem que não foram incluídas, não foram notadas, não importavam.

- **De que maneira:** A inclusão precisa ser autêntica. Não exige necessariamente delegar a decisão final a um grupo, mas significa compartilhar as questões e dar voz às pessoas, mesmo ao lhes informar que suas opiniões serão consultivas, mas não decisivas. No entanto, as pessoas monitoram a frequência com que você inclui as ideias delas na decisão final. A inclusão carrega a expectativa de que você está realmente ouvindo e se preocupando com a dignidade dos outros. Solicitar repetidamente, mas desconsiderar a contribuição também será notado, e você será visto como pouco íntegro e não inclusivo.

Para mostrar interesse genuíno nas ideias e opiniões dos outros, precisamos realmente *ouvir*, algo que muitos líderes voltados para a ação deixam de fazer. Quando o pensamento está dividido entre a pessoa à nossa frente e outras tarefas ou preocupações, a escuta fica comprometida e as pessoas percebem nossa distração. A escuta genuína começa com uma atenção dedicada. E uma vez que nossa atenção está focada apenas na conversa em questão, é importante permanecer aberto ao que estamos ouvindo. Em vez disso, o que geralmente acontece é que ouvimos parte da entrada e imediatamente passamos a planejar nossa resposta. Uma dica é ouvir *como se* fosse ouvir algo que possamos reforçar e agir em favor – ouvir com uma expectativa positiva – e observar como os outros respondem a essa qualidade de atenção.

> Como sociedade, ficamos apaixonados pelas primeiras palavras que ouvimos. As pessoas não reservam tempo para aprender a escutar. Elas apenas escutam para responder. Uma parte importante da humildade na liderança é a capacidade de ouvir – colocar-se no lugar dos outros. Um líder humilde... permite um diálogo livre em que as opiniões são apresentadas como opções. As pessoas se engajam mais. —DICK JOHNSON

Claro, a escuta só acontece quando os outros falam. Às vezes, as pessoas precisam de incentivos para falar quando você começa a tentar incluí-las. Se seus funcionários ou outros parceiros de trabalho tiveram pouca chance de contribuir antes, eles podem hesitar em oferecer suas opiniões. Em vez disso, podem ceder à sua autoridade ou presumir que você simplesmente deseja emitir orientações.

Já ouvi líderes dizerem: "Tento gerar debates, mas ninguém realmente contribui com nada". As lideranças precisam estar constantemente cientes de sua própria posição de poder – que os outros veem seu título e seu status e provavelmente os aceitarão, a menos que recebam permissão para o contrário. Se a participação dos outros não estiver acontecendo, esclarecer a sua intenção pode ajudar. Considere este insight:

> Enquanto CEO, você não tem direito à opinião ou a expressá-la. [*Sorriso*] Se você disser alguma coisa, a conversa acaba. As pessoas pensam: "Isso é o que Jeff pensa, então vamos fazer isso". Muitas vezes, fico em silêncio para que o debate possa continuar. O que tem sido uma verdadeira experiência de aprendizado para mim, ver como tudo o que eu digo tende a se tornar uma direção quando não é isso que eu quero dizer. Então, se eu quiser dar uma opinião, geralmente prefiro dizer: "Ei, eu sou apenas uma pessoa na sala – apenas parte da discussão, então esta é apenas uma ideia... Aprendi que há uma diferença real entre quando você é apenas uma das cadeiras na mesa e quando você é o CEO, e como as pessoas são sensíveis a essa posição.
> —JEFF MUSSER

Não apenas a escuta é importante; mas a *generosidade emocional* também. Ela pode significar o tipo de sinalização ativa que Musser usou para indicar um desejo real por sugestões. Também pode ser demonstrada de maneira passiva, sendo paciente enquanto as pessoas formulam seus próprios pensamentos e não terminando frases para elas ou preenchendo o silêncio momentâneo com suas próprias ideias. Também pode envolver estimular alguns dos stakeholders até que eles mudem de ideia. Isso é particularmente importante quando os funcionários têm significativamente menos poder. É necessário agir com generosidade emocional (além de demonstrar) para se conter e para que os outros possam prosperar. Embora isso possa consumir mais tempo no início em relação a simplesmente ser diretivo, a longo prazo, cria-se um ambiente melhor para trabalhar juntos:

A humildade na liderança é mais eficaz em relação à experiência do funcionário. Ela estimula as pessoas a fazerem um trabalho melhor para a empresa. Aprendi que a maneira mais eficaz de liderar é por meio da influência, e não do poder. Um exemplo disso vem dos nossos pais: o treinamento para usar o banheiro é pura influência sem nenhum poder! Uma vez um chefe me disse: "Você sintetiza rápido. Frequentemente, você obtém a resposta certa com rapidez. O problema é que você acabou de dizê-la... Em vez disso, por que não fazer perguntas? Ronde um pouco até que eles deem a sugestão". A humildade envolvida em fazer isso permite que as outras pessoas contribuam mais. Um líder humilde cria um ambiente de trabalho em que as pessoas se sentem mais apreciadas e valorizadas. Isso se traduz em como elas cuidam dos clientes, o que então se traduz em receita e lucratividade. —SALLY JEWELL

Embora a escuta e a generosidade emocional sejam importantes para a inclusão, pode ser mais difícil fornecê-las quando há opiniões muito diferentes. Já ouvi gerentes experientes reclamarem de como os funcionários mais jovens têm expectativas diferentes sobre o trabalho. Tenho visto líderes excluírem intencionalmente das discussões pessoas cujas "experiências pessoais são diferentes, pois elas não entenderiam". E conheci lideranças que excluem stakeholders chaves das sessões de planejamento porque leva muito tempo para chegar a um consenso quando as pessoas demonstram perspectivas diferentes.

Às vezes, o desejo real do líder é avançar sua própria agenda. É tentador acreditar que podemos alcançar um resultado melhor sem a interferência de pontos de vista conflitantes. No entanto, excluir pessoas que têm uma implicação genuína no resultado acarretará em problemas na implementação. As pessoas não se sentirão notadas a menos que as lideranças tenham a humildade de ouvir e integrar os pontos de vista dos stakeholders, mesmo quando eles *são* diferentes.

> Eu sou filho de um imigrante, e percebi isso lá, mas pela graça de Deus, eu vim. Nosso crescimento econômico só é possível porque trouxemos pessoas para este país. A diversidade traz pensamentos diferentes para uma organização. As pessoas trazem experiências de vida diferentes que nos ajudam de muitas maneiras. Mas temos que ouvir as pessoas de origens diferentes. E é preciso humildade para escutar. —HOWARD BEHAR

Um aspecto final da inclusão generosa é a *atitude do líder em relação à diversidade* (por exemplo, nacionalidade, gênero, etnia, habilidades, orientação sexual). Você está genuinamente aberto àqueles que vêm de uma jornada pessoal distinta e têm uma perspectiva diferente? Ou você tende a julgá-los como inadequados? Você costuma incluir, principalmente, pessoas que compartilham da sua própria experiência, porque as discussões com elas são mais fáceis e confortáveis? É preciso esforço para desenvolver uma boa representação das diferenças nas organizações, mas é preciso igual atenção para saber se essas diferentes vozes e visões são realmente representadas nas discussões e integradas nas decisões.

As lideranças que demonstram uma inclusão generosa apresentam uma atitude de boas-vindas e, às vezes, fazem esforços específicos para acessar e processar integralmente os pontos de vista dos outros. Como os líderes humildes tendem a sentir (e também exibir) consideração pela dignidade dos outros, a postura emocionalmente acolhedora é observada na linguagem corporal e no tom de voz do líder, assim como nas suas palavras.

A humildade é a base que sustenta a diversidade. Se você é humilde, sabe que não tem o monopólio do conhecimento... que pessoas com diferentes experiências de vida trarão pontos de vista distintos que enriquecerão o que você está fazendo. É por isso que a diversidade é uma vantagem em uma organização. Mas não podemos apenas juntar pessoas diferentes em uma sala; temos que ser inclusivos para que elas se sintam valorizadas, respeitadas e tratadas com justiça – que suas opiniões realmente tenham sido ouvidas e que demos a elas a oportunidade de contribuir com todo o seu potencial... Existem muitas maneiras de envolver os outros. Por exemplo, prefiro não sentar à cabeceira da mesa nas reuniões. Gosto de sentar-me ao redor dela porque acredito que isso dá um tom que convida os outros à mesa a partilharem suas perspectivas. As pessoas que mais admiro na vida são ótimas em atrair outras pessoas.
— ROGER FERGUSON

Foco no Desenvolvimento

Considere a diferença entre garantir um Airbnb para as férias, um ano de aluguel de um apartamento e a hipoteca de uma casa. Todos envolvem lugares para descansar, mas têm significados diferentes e envolvem distintos níveis de investimento. Os dois primeiros são amplamente transacionais: eles refletem compromissos de curto e médio prazos. Quando nos comprometemos com eles, assumimos pouca responsabilidade em seu cuidado para além de não causar danos. Geralmente nos preocupamos mais com o apartamento do que com o Airbnb, porque vamos chamá-lo de lar por um tempo, mas ainda não estamos preocupados com seu futuro distante. Porém, comprar uma casa é diferente: de repente, os reparos são problema nosso e começamos a pensar em melhorias e na manutenção preventiva.

Uma dinâmica semelhante se aplica à maneira como os líderes pensam nos seus parceiros de trabalho. Quais você considera como transações de curto prazo? Quais são de médio prazo? E quais seriam de longo prazo? Considere seus chefes, pares e funcionários, assim como aqueles em sua rede ampliada, como fornecedores, clientes e a comunidade em que você reside. Deixe-me sugerir que a maneira como você cultiva seus relacionamentos deve ter foco no desenvolvimento, se deseja que os outros se sintam notados.

O foco no desenvolvimento implica um pensamento de *longo prazo*. Você se preocupa com a pessoa como um todo e com seu progresso para além do que é meramente útil para você. Nas parcerias de trabalho com colegas, fornecedores, etc., você pode mostrar foco no desenvolvimento ajudando-os a entender o seu trabalho, apresentando-os a pessoas úteis da sua rede e apoiando suas necessidades ocasionalmente, mesmo quando isso vai além do seu dever.

Em relação àqueles que se reportam a você, o foco no desenvolvimento assume um significado mais profundo. O poder que você detém pode ser usado para apoiar o crescimento dos outros, negligenciá-lo ou sabotá-lo – e eles estão cientes disso. Seu papel como líder pode e deve envolver *incentivá-los a aprender* de distintas maneiras, como entender os valores de sua cultura organizacional específica, como fazer melhor seu trabalho, como melhorar seu conhecimento do contexto em que operam para que tenham melhores chances de avançar e como gerenciar os outros. Considere esta visão atraente:

> A cultura não inclui apenas uma pessoa – ela é onipresente. Você a constrói. Eu disse anteriormente que gestão é ensinar. Quando

promovemos alguém à gerência, digo a ele/ela que ensinar é 90% do trabalho. Se você apenas contrata profissionais e não os ensina, é um desperdício. O ensino nem sempre é formal. Faça a coisa certa. Crie a cultura de fazer a coisa certa – você não pode se isentar dela. Aprendi muito com meu mentor Sol [Price] – foi com ele que aprendi a importância do ensino.
— JIM SINEGAL

Como mencionado anteriormente, as lideranças muitas vezes sentem que precisam saber todas as respostas, quando isso não é verdade. Esse é um obstáculo comum dos novos gerentes, que costumam ser selecionados devido à contribuição individual excepcional. Eles conquistaram esse reconhecimento (e, posteriormente, a promoção) por serem especialistas no que faziam – e carregam para seu novo papel de liderança o desejo de manter e de exibir conhecimento específico dominante. Isso leva à opressão porque as responsabilidades do novo líder aumentaram e o desejo de permanecer o especialista interfere na delegação de tarefas e no desenvolvimento dos outros. Infelizmente, essa tendência é presente no comportamento de alguns líderes seniores, que continuam a micro gerenciar suas equipes. Aqueles que trabalham abaixo deles sabem que não podem tomar iniciativas sem permissão ou mesmo tomar pequenas decisões sem revisão e aprovação minuciosas. Eu já vi uma equipe paralisada ao se preparar para um piquenique da empresa, porque seu executivo sênior insistiu em revisar tudo – até a cor dos guardanapos de papel.

Ao desenvolver os outros, é muito importante reconhecer que algumas decisões realmente podem ser deixadas para eles. O resultado pode ser diferente de nossa preferência pessoal, mas... E daí? Outras situações podem exigir supervisão, mas, muitas vezes, a equipe pode ser orientada em relação aos parâmetros para a tomada de decisões que garantam a eficácia. Finalmente, os líderes podem delegar tarefas de modo significativo, oferecendo informações sobre o contexto mais amplo e os parâmetros, pedindo à equipe que lhes concedam a aprovação final, ao mesmo tempo em que demonstram apoio às recomendações da equipe na maior parte do tempo.

Crescemos apenas quando nos expandimos. As lideranças podem desenvolver os outros ao confrontar sua equipe com questões relevantes:

> Enquanto líder, você não precisa saber todas as respostas, mas precisa saber todas as perguntas. E se você simplesmente fizesse uma pergunta-chave para sua equipe e depois tivesse confiança e segurança de que a resolveriam? Você pode deixar o debate trazer à tona as questões que precisam ser tratadas, deste modo, elas estarão presentes no resultado. — JIM WEBER

Outra maneira pela qual os líderes ensinam e demonstram foco no desenvolvimento é ao delegar responsabilidades razoáveis a suas equipes. Isso deve envolver atribuições de *expansão*, de modo que sejam desafiadas a crescer. Com isso, as habilidades dos membros da equipe se tornam mais fortes. Essa atitude demanda do líder que se refreie um pouco no direcionamento, mas permite aos demais crescimento e sentimento de orgulho por suas realizações.

> De modo geral, acredito em recuar e deixar os outros aprenderem e tomarem as decisões. Posso pensar em algumas decisões estratégicas recentes tomadas pela TIAA. Embora eu tenha definido a direção estratégica de aonde deveríamos ir, deixei a maioria das decisões de negociação e escolhas sobre os itens

específicos para os meus colegas. Parte da humildade envolve capacitar sua equipe para agir. Ela deve assumir o controle e se orgulhar dos resultados. — ROGER FERGUSON

Impacto Organizacional

Após apresentar como a inclusão generosa e o foco no desenvolvimento são as chaves para a humildade na liderança, agora examinaremos seu impacto nas atividades do líder. Essas chaves geralmente influenciam a eficácia na gestão de talentos, na diversidade e inclusão, na reputação da marca, na gestão do desempenho, no trabalho em equipe e na construção de consensos.

Atraindo e Retendo os Talentos

A pergunta "Você Me Vê?" é especialmente importante para esses dois aspectos da gestão de talentos. Há menos probabilidade de um profissional aceitar um emprego quando, durante a entrevista, percebe que o ambiente de trabalho não é inclusivo. Quanto mais instruídos e mais jovens os profissionais são, mais tendem a querer ser incluídos nas decisões e ter suas opiniões escutadas. Os funcionários em potencial serão sensíveis a dicas sobre inclusão durante as entrevistas, não apenas relacionadas a eles pessoalmente, mas também em relação à atitude dos líderes organizacionais a buscar ou limitar a contribuição de uma ampla variedade de stakeholders.

Os funcionários mais jovens também se preocupam com as oportunidades de longo prazo. Eles podem perguntar sobre possibilidades de subir na carreira, opções de viagens ou a chance de adquirir múltiplas habilidades. Eles ouvirão não apenas informações sobre opções de crescimento, mas também sinais de que a organização e seus líderes estão dispostos a investir em seu crescimento pessoal para além da vaga de emprego em questão.

A inclusão e o foco no desenvolvimento também são muito importantes na retenção dos funcionários. Na falta de inclusão, estes podem ficar frustrados o suficiente para sair. Eles sabem que podem contribuir mais e merecem maior reconhecimento. A falta de foco no desenvolvimento sugere que seus líderes pensam neles de uma forma transacional – o que significa que veem os funcionários apenas como estando aqui, neste momento, para realizar um trabalho. Em resposta, os melhores e mais brilhantes funcionários são os mais propensos a sair. As lideranças deixam claro que os funcionários são notados demonstrando interesse em seu desenvolvimento e oferecendo apoio para oportunidades futuras.

Alguns líderes hesitam em desenvolver seus funcionários porque temem que eles mudem de emprego, gerando a necessidade de uma nova contratação e um novo treinamento. Embora seja uma preocupação legítima, ela foca nos interesses do líder. E negligencia o que pode ser melhor para o funcionário, que tem um conjunto mais amplo de preocupações e de objetivos. Além disso, prejudica a organização, que se beneficia mais quando os funcionários são desenvolvidos em todo o seu potencial.

Diversidade e Inclusão e Reputação de Marca

A diversidade apresenta desafios e oportunidades para as lideranças na atitude de envolver vozes diferentes nos debates. No entanto, a diversidade e a inclusão são especialmente importantes nos negócios voltados para o cliente. Os clientes avaliam o quanto se sentem representados naquilo que enxergam nos funcionários e nas práticas da empresa, e isso pode afetar a forma como veem sua marca. Para empresas voltadas para o varejo e os serviços, os clientes podem ver prontamente o quanto sua base de funcionários parece diversificada quando visitam sua empresa. Eles julgarão por si próprios se você parece fazer esforços razoáveis para estar de acordo com a sua base de clientes. Mas os clientes também avaliarão a felicidade dos diferentes funcionários como um indicador de como eles são tratados. Por último, considerarão se os produtos e as políticas da organização estão de acordo com suas crenças. Isso pode ser percebido na sua publicidade, no seu foco na comunidade e na adaptação de seus produtos para públicos diversos.

É importante ressaltar que ser inclusivo não tem a ver apenas com as outras pessoas, mas também com a autoconsciência do líder. Às vezes, sinais sutis de conversação são interpretados de maneiras não intencionadas. Nô entanto, é responsabilidade do líder fazer uma autorreflexão e se perguntar se seu próprio comportamento deve mudar. As lideranças podem necessitar de treinamento em preconceito implícito para entender como reagem aos outros quando se trata de diversidade e inclusão. Conforme visto no exemplo mencionado anteriormente sobre o incidente na Starbucks, na Filadélfia, a diversidade e a inclusão têm implicações significativas na reputação da marca. Ter foco no desenvolvimento neste assunto com todos os funcionários é essencial.

Gestão de Desempenho

A inclusão generosa e o foco no desenvolvimento otimizam o desempenho. A inclusão auxilia na promoção de um amplo entendimento das questões organizacionais, somado a um conhecimento específico que de outra forma não seria possível acessar. Ela também ajuda ao ensinar mais sobre os valores da organização e sobre como seus líderes precisam integrar vários fatores nas suas decisões. Quando há um amplo entendimento acerca da organização e de seus objetivos como resultado da inclusão, todos os envolvidos veem o que estão fazendo dentro de um contexto, o que tende a aumentar a motivação e o desempenho.

O foco no desenvolvimento traz melhorias a longo prazo. Os funcionários se sentem mais motivados a trabalhar para as lideranças que mantêm muito mais do que uma visão transacional do emprego. Quando os funcionários recebem apoio para o desenvolvimento de todo o seu potencial, eles são capazes de contribuir mais para a organização.

Trabalho em Equipe e Consenso

A inclusão é mais desafiadora quando as pessoas têm pontos de vista desconhecidos para nós, ou contrários ao que gostaríamos de ouvir. No entanto, muitos dos desafios que enfrentamos exigem que colaboremos e cheguemos a um consenso. Buscar um consenso é diferente de dominar para ganhar ou buscar a aprovação da maioria. O consenso é alcançado quando todas as partes consideram que o acordo é, pelo menos, razoavelmente aceitável para elas.

Misturar vozes diferentes em um debate rigoroso é um desafio porque elas tendem a empurrar e puxar umas às outras. Requer muita escuta – às vezes uma escuta muito apurada – para tentar apreciar as experiências e pontos de vista dos outros. Também é provável que exija concessões. Debate rigoroso, escuta apurada e concessões exigem humildade. Mas é somente por meio dessa inclusão generosa que podemos compreender e construir um consenso.

Consideraremos agora os comportamentos específicos que apoiam a inclusão generosa e o foco no desenvolvimento. A Tabela 4 apresenta aquilo que os líderes devem ou não fazer para serem eficazes por meio dessas chaves para a humildade.

TABELA 4. "Como Eu Te Trato": Comportamentos Recomendados.

INCLUSÃO GENEROSA	
FAÇA	**NÃO FAÇA**
Incentive as pessoas a compartilhar suas ideias e seus sentimentos sobre questões importantes.	Limitar a participação nas pequenas discussões e nos assuntos de rotina.
Observe quando o seu poder pode fazer com que outros se submetam desnecessariamente e incentive-os a contribuir.	Supor que os outros têm pouco a oferecer.
Examine suas atitudes em relação a todos os tipos de diversidade.	Permitir que preconceitos resultem na exclusão de certos tipos de pessoas.
Ouça atentamente – mesmo quando confrontado com pontos de vista que pareçam estranhos ou desconfortáveis.	Ignorar as opiniões dos outros ou cortar as pessoas quando elas compartilharem opiniões.
Comporte-se de maneira emocionalmente acolhedora.	Sinalizar que você está muito ocupado ou desinteressado para interagir com os outros.
FOCO NO DESENVOLVIMENTO	
FAÇA	**NÃO FAÇA**
Ouça as aspirações de carreira dos outros.	Ignorar as ambições futuras dos outros.
Ensine, treine e oriente todos ao seu redor.	Ver as pessoas como apenas presentes para apoiar a sua agenda de trabalho.
Reconheça que a liderança e a cultura afetam os talentos e a gestão do desempenho.	Negligenciar a saúde cultural da organização.
Preste atenção às competências das pessoas, especialmente a humildade, ao desenvolver líderes.	Presumir que a motivação e o conhecimento sobre o trabalho ou o setor farão de alguém um bom líder.

IDEIAS PARA AÇÃO

Inclusão Generosa

1. Existem muitos tipos de diversidade, e a maioria de nós se sente mais confortável com alguns tipos de pessoas do que com outras. Identifique os tipos com quem você se sente mais confortável e desconfortável. Pense cuidadosamente sobre como, e se, as suas palavras e ações podem acabar excluindo aqueles que são diferentes do seu grupo preferido.

2. Pense em como você pode *envolver* melhor os stakeholders que você tende a negligenciar. Enumere dois ou três tópicos nos quais você acredita que eles têm interesse e faça anotações sobre como você vê oportunidades de colaboração. Converse sobre um desses assuntos com eles, juntamente com parâmetros para os resultados. Em seguida, convide-os a participar com sugestões sobre como progredir.

3. O conflito pode ser desafiador, mas evitá-lo pode ser pior. Como você lida com os stakeholders que têm pontos de vista muito diferentes? Pense em como você pode promover conversas que reúnam os lados conflitantes, facilite o compartilhamento de pontos de vista e peça sugestões que atendam a todas as necessidades. O resultado pode não ser um acordo, mas pode permitir que as distintas partes entendam a gama de pontos de vista com as quais você precisa lidar, conferindo maior apoio para as suas decisões finais.

IDEIAS PARA AÇÃO

Foco no Desenvolvimento

1. Você tem o hábito de observar os talentos e as habilidades de outras pessoas que podem ser desenvolvidos posteriormente? Observe com atenção e, a seguir, informe-os sobre a força ou o potencial específico que você vê e incentive-os a crescer. Você pode apoiá-los com oportunidades de treinamento? Caso contrário, a atenção e o apoio por si só já mostram o foco no desenvolvimento.

2. A maioria de nós se beneficia das conexões com as outras pessoas apenas na hora certa. Você oferece referências à sua rede de stakeholders quando toma conhecimento de necessidades relevantes?

3. Você já ofereceu mentoria para alguém? Que habilidades e conhecimentos você tem a oferecer que outras pessoas podem precisar? Tente identificar alguém adequado para ser um pupilo. Quais são alguns dos primeiros passos que você pode pensar, dar meia-volta e ajudar o próximo da fila?

Quando os líderes sentem e demonstram consideração genuína pela dignidade dos outros, o engajamento e o desempenho do trabalho conjunto tendem a aumentar. Os Capítulos 1 a 3 explicaram por que isso acontece, e os Capítulos 4 a 6 explicaram as seis chaves de comportamento envolvidas na humildade na liderança. Como liderar significa relacionamento e como a humildade do líder é muito importante para o trabalho em conjunto, os próximos capítulos mostram como colocar isso em prática.

Começaremos com uma visão abrangente de como esse pensamento pode ser aplicado a grandes organizações. O Capítulo 7, escrito por Alan Mulally, a convite, explica o Sistema de Gestão de Trabalho Conjunto, baseado na humildade na liderança, que ele desenvolveu enquanto trabalhava como CEO da Boeing Commercial Airplanes. Mais tarde, ele usou esse mesmo sistema para salvar a Ford Motor Company (sem precisar do resgate do governo) da quase falência durante a Grande Recessão e levá-la ao sucesso lucrativo. Esta é uma abordagem compreensiva cuidadosamente planejada para liderar organizações globais grandes e complexas que demonstra como as chaves para a humildade podem ser integradas.

Examinar este sistema abrangente nos permite enxergar, inicialmente, os elementos necessários para criar um ambiente saudável para o trabalho. Mostraremos, então, como esse sistema pode ser reduzido nas organizações menores, adaptando vários desses princípios e práticas. O Capítulo 8 identifica os fatores que você precisa considerar para elaborar a abordagem correta para a sua própria situação; em seguida, descreverei como uma abordagem totalizante da liderança difere das que são mais comuns na gestão de organizações prósperas *versus* organizações tóxicas. O capítulo termina com uma seleção de políticas e práticas organizacionais adicionais que demonstram apoio à dignidade dos outros.

O Capítulo 9 oferece as biografias dos CEOs entrevistados e explora alguns tópicos de como eles desenvolveram sua humildade. Inclui várias sugestões para você mesmo desenvolvê-las. Essas atividades podem ser adaptadas para uso em cursos de treinamento e desenvolvimento de lideranças, assim como o material do "Guia Para Debate", no final do livro.

Vamos nos voltar, agora, ao nosso autor convidado, Alan Mulally. Podemos aprender muito com a sua profunda experiência na criação de organizações prósperas e atingir excelentes resultados.

CAPÍTULO SETE

Sistema de Gestão do Trabalho Conjunto

por *Alan Mulally*

Trabalho é o amor tornado visível.
—Kahlil Gibran

A liderança é realmente uma honra e uma responsabilidade. Tive a oportunidade e a honra de servir a dois importantes ícones globais e norte-americanos que oferecem produtos e serviços valiosos para o bem comum. Ao longo dos anos, pude contribuir nas áreas de design, produção e suporte dos melhores aviões e automóveis do mundo. Posteriormente, tive o privilégio de servir como CEO da Boeing Commercial Airplanes e CEO da Ford Motor Company em momentos bons e também durante crises (o impacto negativo na indústria aérea e na Boeing resultante dos ataques de 11 de setembro e um impacto semelhante na Ford durante a Grande Recessão).

Ao longo da minha carreira, descobri que as *contribuições mais importantes do líder são*:

- Assumir responsabilidades e responsabilizar coletivamente a equipe de liderança;

- Definir uma visão atraente, uma estratégia inclusiva e uma implementação implacável; e

- Entregar valor para todos os stakeholders.

O desenvolvimento da missão, da visão e da estratégia da organização são os primeiros passos essenciais, mas não são suficientes, para liderar. Monitorar o progresso (e saber o que deu errado depois do fato) é importante e pode ajudar a evitar erros no futuro – mas também não é suficiente. Conselhos, funcionários, investidores – e até mesmo eleitores – procuram líderes que façam mais do que explicar o que deu errado depois de já ter acontecido. Todos almejam lideranças que possam garantir que os planos serão cumpridos com sucesso. É por isso que grandes líderes devem ser responsáveis por uma visão atraente, uma estratégia inclusiva – *e* uma implementação implacável.

Meu objetivo neste capítulo é apresentar uma estratégia de sucesso comprovada e reproduzível que desenvolvi enquanto trabalhava em conjunto com muitas equipes de excelência – nosso Sistema de Gestão do Trabalho Conjunto (SGTC, ao qual me referirei neste capítulo simplesmente como Trabalho Conjunto ou TC). O TC é um processo poderoso para liderar e administrar organizações, porque é baseado na humildade, no amor e na assistência. Ele construirá uma cultura inteligente, saudável e em constante otimização em qualquer organização. Funciona em organizações relacionadas tanto a produtos quanto a serviços, para oferecer o que as pessoas valorizam com produtividade cada vez melhor.

Para compartilhar esse sistema único com você, deixe-me familiarizá-lo com o meu mundo enquanto escrevo. Imagine que você e eu estejamos realmente trabalhando em conjunto como parceiros para realizar algo significativo! Para demonstrar que se trata de uma colaboração, usarei o termo *nosso* para explicar os quatro principais elementos do nosso Sistema de Gestão do Trabalho Conjunto:

- Nosso Roteiro Para Criação de Valor;

- Os Comportamentos Esperados de Nós;

- Nossa Reavaliação do Plano de Negócios; e

- O Papel Singular do Nosso Líder.

Cada elemento do TC está integrado aos outros. Começarei apresentando um de cada vez, mas é importante entender que eles *precisam* caminhar juntos para atingir os resultados esperados. Posteriormente, explicarei como estes elementos interagem; como essa abordagem é baseada na humildade, no amor e na assistência; e por que ela é tão eficaz. Deixe-me descrever cada um deles, começando com um modelo de como criamos valor para todos os stakeholders, conforme ilustrado na Figura 9.

Um ótimo lugar para começar a entender nosso TC é com a consciência de que *estamos entregando valor para todos os stakeholders*. Nos preocupamos não apenas com o desempenho financeiro e os benefícios gerados aos acionistas, mas também com os relacionamentos que mantemos com nossos clientes, os funcionários, os fornecedores, a comunidade e assim por diante. Observe que nosso TC tem parâmetros e métricas de desempenho para cada um deles! As esperanças e os sonhos de nossos stakeholders estão incluídos em nossa Visão (aparece no centro deste modelo) ao considerarmos o Contexto Mais Amplo de nosso ambiente de negócios, desenvolver nosso Plano Estratégico para alcançar a visão e conduzir a nossa Reavaliação do Plano de

Negócios para garantir uma implementação implacável do nosso Plano. Em outras palavras, nossa Visão em si é atraente porque foi projetada para servir a um bem comum que agrega valor real a todos os nossos stakeholders. Nós nos *comprometemos* a criar um crescimento lucrativo para todos. Para alcançar essa visão, contamos com os três elementos adicionais do TC.

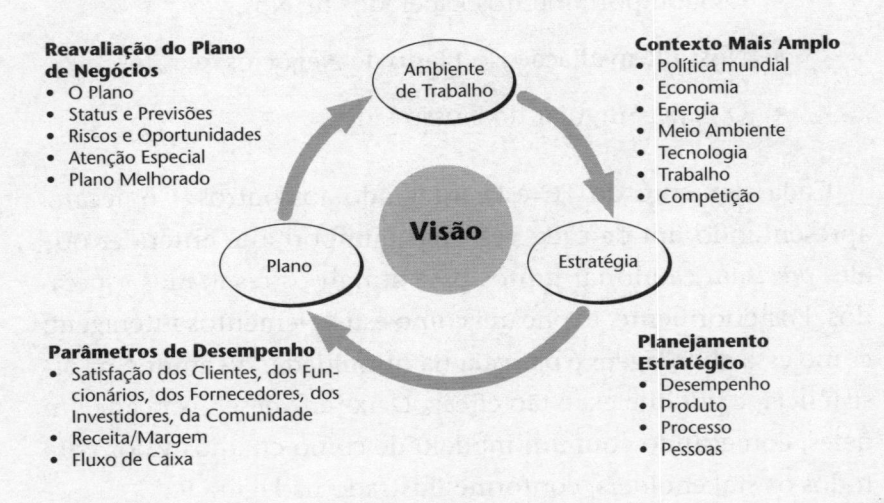

Reavaliação do Plano de Negócios
- O Plano
- Status e Previsões
- Riscos e Oportunidades
- Atenção Especial
- Plano Melhorado

Contexto Mais Amplo
- Política mundial
- Economia
- Energia
- Meio Ambiente
- Tecnologia
- Trabalho
- Competição

Ambiente de Trabalho

Visão

Plano

Estratégia

Parâmetros de Desempenho
- Satisfação dos Clientes, dos Funcionários, dos Fornecedores, dos Investidores, da Comunidade
- Receita/Margem
- Fluxo de Caixa

Planejamento Estratégico
- Desempenho
- Produto
- Processo
- Pessoas

FIGURA 9. Nosso Roteiro Para Criação de Valor do TC.

Nosso Princípios, Práticas, e Comportamentos Esperados do TC

Há um conjunto de princípios, práticas e comportamentos que é crítico para o sucesso do TC, a partir de agora, me referirei a ele simplesmente como "Comportamentos Esperados". Como esses são os alicerces de uma cultura organizacional inteligente e saudável, eu os listarei aqui na Tabela 5 e, em seguida, descreverei como os praticaremos:

TABELA 5. Comportamentos Esperados

• As pessoas primeiro... Ame-as. • Incluir a todos. • Visão atraente, estratégia inclusiva e implementação implacável. • Objetivos claros de desempenho. • Plano Único. • Fatos e dados.	• Todos conhecem o plano, seu status e as áreas que precisam de atenção especial. • Proponha um plano e mantenha atitude positiva de sempre encontrar um caminho. • Respeitem, escutem, ajudem e apreciem uns aos outros. • Tenha resiliência emocional – confie no processo. • Divirtam-se – aproveitem a caminhada e uns aos outros.

Colocar as Pessoas Primeiro

Observe que o primeiro ponto é "As pessoas primeiro". Quando planejam a implementação, a maioria das lideranças considera primeiro as métricas e o acompanhamento. Mas nosso sucesso, como organização, será determinado, em última instância, por nossa capacidade de trabalhar juntos em equipe, incluindo todos os stakeholders, de modo que a estratégia seja bem-sucedida. Por isso, acreditamos na dignidade de cada membro das nossas equipes de liderança e de funcionários. Também acreditamos na dignidade de cada stakeholder de nossa corporação estendida: sindicatos, fornecedores, distribuidores, clientes, investidores, governo e assim por diante. Dizer que acreditamos na dignidade das outras pessoas não pode ser dito da boca para fora. Ela governa como nos comportamos uns com os outros. Nossa liderança está comprometida com o respeito, a inclusão, a transparência, a assistência e a valorização de cada participante.

Envolver as pessoas completamente, mobilizando sua criatividade e motivação e inspirando-as ao trabalho conjunto é extremamente importante. Elas dão o melhor de si no trabalho quando realmente se preocupam conosco. E elas se preocupam mais conosco quando demonstramos que nos importamos com elas e precisamos e queremos conquistar seus corações e mentes. Mostramos que estamos comprometidos ao criar uma cultura organizacional inteligente e saudável com base em nossos princípios, práticas e sistema de gestão do TC. Infelizmente, esta atitude quase nunca recebe o reconhecimento que merece e este é um dos principais motivos pelo qual a implementação falha.

Ao colocar as pessoas em primeiro lugar, **a importância de quem você é enquanto líder** se revelará. Isso porque Quem Eu Sou tem muito a ver com o que eu faço e como eu faço. Se o líder não acredita de verdade que todas as pessoas são valiosas o suficiente para contribuir significativamente para o sucesso da organização, então as opiniões e as expectativas do líder afetarão de forma negativa a cultura e os resultados ao longo do tempo. Quando colocamos as pessoas de fato em primeiro lugar, significa que todos estão incluídos. Precisamos quebrar as suposições de que apenas as pessoas no topo devem conhecer e supervisionar os esforços estratégicos da organização. Na verdade, o que precisamos é de transparência – abertura genuína – sobre o que estamos tentando realizar e como estamos fazendo.

É necessário garantir que *todos* aqueles que têm alguma relação com a nossa empresa – incluindo os stakeholders que serão afetados por nossas decisões – tenham suas opiniões representadas em nossas discussões. Isso se aplica não apenas à nossa cadeia de suprimentos, mas a *todos* os stakeholders, incluindo legisladores governamentais e parceiros internacionais. Em vez de determinarmos o que é melhor para eles e tentar forçá-los, trabalhamos em conjunto, incluindo-os no desenvolvimento da estratégia e do plano. Isso significa discutir objetivos e necessidades mútuos. Por exemplo, cada país tem seus próprios requisitos de certificação para automóveis e aviões. Diferenças como essas são desafiadoras quando fazemos negócios globalmente. Mas, tendo a humildade de incluir nossos parceiros internacionais à medida que desenvolvemos nosso plano (respeitando sua dignidade, assim como suas visões e sistemas), somos capazes de trabalhar juntos em compromissos aceitáveis para todas as partes.

Visão, Estratégia, Metas e Implementação

Enquanto lideranças, somos coletivamente responsáveis por desenvolver uma visão atraente para nossa organização. O que a torna atraente são duas coisas. Primeiro, a visão tem que ser sobre o valor que estamos entregando para o bem comum. Estamos oferecendo produtos e serviços que melhoram a vida de outras pessoas. Ela não será convincente caso o seu trabalho se trate principalmente dos lucros ou seja prejudicial a outras pessoas. Em segundo lugar, a visão precisa ser significativa para todos os participantes, de forma que eles queiram comprometer seu talento, sua energia e seu entusiasmo para realizá-la.

O TC também desenvolve uma estratégia inclusiva para alcançar nossa visão atraente. A estratégia abrangerá todos os elementos necessários para alcançar a visão. Nossos parâmetros de desempenho de negócios incluirão o crescimento lucrativo para todos os stakeholders. Nossas metas e parâmetros de desempenho dos negócios da organização também incluirão a satisfação cada vez maior de clientes, de funcionários, de fornecedores, da comunidade, de sindicatos e de investidores. Examinamos todas as métricas de desempenho em uma janela contínua de cinco anos. Isso nos permite comparar como estamos nos saindo em relação ao desempenho anterior e equilibrar os investimentos e desempenhos de curto e longo prazo.

Uma vez que os líderes são os responsáveis por desenvolver a visão atraente e a estratégia inclusiva, a visão e a estratégia precisam se tornar o "Plano Único" que *todos* na organização conhecem e trabalham para alcançar. Portanto, todos estão envolvidos na definição de metas claras de desempenho. As lideranças de cada unidade e equipes de habilidades específicas da organização identificam o que *elas* precisam fazer para ajudar a alcançar a visão e estratégia gerais. Para ilustrar essa perspectiva, o chefe de RH provavelmente terá estratégias e planos para as pessoas, os talentos, a diversidade, o treinamento, a gestão de desempenho, a remuneração, a valorização, etc. O chefe de vendas terá planos para os clientes, as vendas, a participação de mercado, as margens, etc. O chefe de manufatura terá planos de qualidade, de produção, de produtividade, planos para os fornecedores, para os parceiros, para a automação e assim por diante.

Nosso Plano Único também se ramifica por toda a organização. Portanto, cada membro da equipe de liderança trabalha com seus gerentes para criar seus próprios planos, todos os quais dão suporte ao nosso Plano Único.

Usamos fatos e dados para avaliar o progresso do nosso plano, por isso pedimos à nossa equipe para monitorar e compartilhar informações precisas. Não temos como gerenciar um segredo – e os dados nos deixam livres para trabalhar em conjunto no enfrentamento dos desafios e das áreas do nosso plano que precisam de atenção especial. Os dados também nos ajudam a identificar com segurança as oportunidades de melhoria para concentrar esforços colaborativos e trabalhar juntos nessas áreas para otimizá-las. Nesse sistema, todos sabem qual é o plano, todos sabem seu status a qualquer momento e todos conhecem as áreas que precisam de atenção especial. Ter uma imagem tão clara de nosso desempenho nos permite desenvolver um plano ainda melhor a cada ano para otimizar continuamente nossos parâmetros de desempenho dos negócios.

O elemento do processo (nossa Reavaliação do Plano de Negócios, discutida em breve) inclui um método para reavaliar regularmente o progresso com base em fatos e dados. No entanto, certos comportamentos são essenciais para avançar com eficácia. Em primeiro lugar, todos devemos respeitar, escutar, ajudar e valorizar verdadeiramente uns aos outros. Precisamos e queremos o melhor de todos: corações, mentes e trabalho conjunto. Respeitamos a dignidade de cada participante e procuramos compreender antes de sermos compreendidos.

As reuniões não devem permitir críticas destrutivas ou qualquer piada à custa de terceiros. É fundamental que o líder *seja o modelo* desse comportamento, inicialmente demonstrando total respeito, escuta, assistência e apreço por todos os outros. Também deve gerenciar o comportamento de seus subordinados. Isso significa que não pode tolerar palavras e ações de outras pessoas que violem o acordado com os Comportamentos Esperados. Se o líder não coibir os comportamentos inadequados, rapidamente perceberão que dizemos "As pessoas primeiro" da boca para fora. Se isso acontecer, é menos provável que se sintam motivados a dar tudo de si pelos objetivos da organização. E sem um ambiente seguro, todos hesitarão em compartilhar a situação real ou suas ideias. Então, não saberemos o que precisamos saber. E a implementação será prejudicada, porque não temos como gerenciar um segredo.

À medida que reavaliamos o progresso, nos certificamos ao identificar as áreas problemáticas. Usando os Comportamentos Esperados do SGTC, propomos um plano e mantemos uma atitude positiva de encontrar um caminho diante dos problemas. Acreditamos que sempre há uma maneira de entregar o nosso plano ou desenvolver um plano ainda melhor. A atitude é tudo e é contagiante, por isso destacamos que devemos manter uma atitude positiva. Trabalhar em conjunto, usando todo o nosso conhecimento coletivo, é sempre trabalhar para entregar o plano ou desenvolver um plano melhor e mais necessário.

Não deixe que nenhuma melhoria possível nos voos nos escape. — BILL BOEING, FUNDADOR DA THE BOEING COMPANY

Se você acha que consegue, ou não, provavelmente está certo. —HENRY FORD, FUNDADOR DA FORD MOTOR COMPANY

Nossa Reavaliação do Plano de Negócios do TC

O terceiro elemento do nosso TC é a Reavaliação do Plano de Negócios (RPN). Trata-se de uma sessão de reavaliação semanal – sim, todas as semanas. O objetivo da RPN é que trabalhemos com a equipe para revisar *cada* elemento do nosso plano, avaliar nosso status em relação ao plano da perspectiva da área de responsabilidade de cada profissional, assim como identificar as áreas que precisam de nossa atenção especial para voltar ao plano. O objetivo com a RPN *não* é solucionar ou criar planos melhores para as áreas de plano único que precisam de atenção especial. Nós também trabalhamos essas questões juntos – mas em "reuniões das áreas de atenção especial" separadas e com regularidade, que se seguem às reuniões de RPN.

O processo de RPN descreve claramente como implementamos a nossa estratégia e planejamos cumprir a nossa visão. Também explica as reuniões, o processo de tomada de decisão, o modo como nos adaptamos ao nosso mundo em constante e rápida mudança e o modo como gerenciamos os riscos e as oportunidades. É conduzido entre o CEO, o chefe de cada unidade de negócios (produto ou serviço) e as unidades de habilidades específicas (como o RH, as vendas, a engenharia). A presença de toda a equipe de liderança é obrigatória e fundamental para o trabalho conjunto. A RPN informa o processo de tomada de decisão, assim como a comunicação entre todos os participantes da organização. Pode haver convidados, mas eles não participam da discussão. Queremos que todos conheçam o plano, a situação real em relação ao plano e as áreas que precisam de nossa atenção especial. Também queremos que todos experimentem a maneira como toda a equipe de liderança trabalha em conjunto em nosso Plano Único.

A reunião começa com o CEO revisando o Roteiro de Criação de Valor ou o Plano Único. O CEO apresenta um resumo do plano para o trimestre e para o ano corrente, a perspectiva de cinco anos e a situação/previsão em relação ao plano. Em um ou dois *slides*, este resumo é apresentado em relação a uma série de parâmetros de desempenho, como o crescimento da lucratividade para todos os stakeholders da organização e a satisfação de cada um deles: clientes, funcionários, investidores, fornecedores e as comunidades em que se opera.

A maioria das unidades terá metas distintas que precisam ser alcançadas para dar suporte ao Plano Único. Seguindo o resumo do CEO, os líderes de cada unidade revisam as metas acordadas para a parte da organização da qual são responsáveis, assim como o status em que se encontram. Para a RPN, as lideranças codificam o progresso da semana em relação a cada uma de suas metas com as cores verde, amarelo ou vermelho. Verde significa "no plano". Amarelo significa "fora do plano, mas trabalhando para que volte a ele". E vermelho significa "fora do plano e trabalhando em uma ideia para fazer com que ele volte ao plano". Conforme ilustrado na Figura 10, um gráfico do resumo de cada unidade rapidamente transmite a todos qual é a situação da unidade como um todo.

Os problemas são identificados rapidamente porque estão destacados. À medida que surgem, imediatamente é designada uma atenção especial a eles em uma reunião à parte antes da próxima RPN. Os membros do grupo como um todo também podem ter sugestões para ajudar a resolvê-los. Nesta reunião extra, será estabelecido um plano para melhorar o desempenho do indicador. Os relatórios subsequentes continuarão a codificar o progresso deste indicador através das cores, à medida que todos os profissionais trabalham em conjunto para resolver os problemas. Desta forma, todos os problemas são rapidamente identificados e endereçados e o status mostrará o progresso passando do vermelho para o amarelo e, depois, do amarelo para o verde, o mais rápido possível.

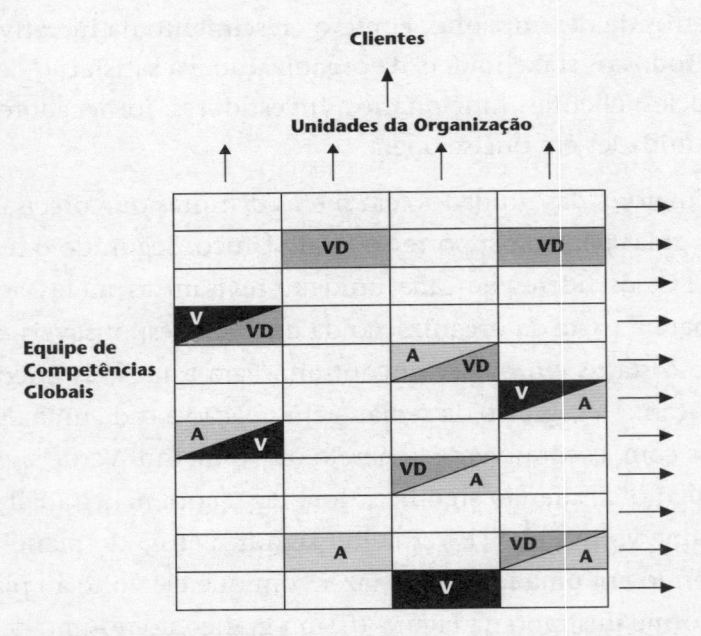

LEGENDA: A semana anterior é mostrada no triângulo superior esquerdo. A semana atual aparece no triângulo inferior direito. VD = verde; V = vermelho; A = amarelo. Este gráfico permite que todos entendam rapidamente o status de toda a organização em relação ao Plano Único.

FIGURA 10. Reavaliação do Desempenho do Plano de Negócios, status atual *versus* o Plano.

Tratamos os novos itens amarelos e vermelhos como pedras brutas porque esperamos que todos nós as identifiquemos logo para que possamos trabalhar juntos para colocá-las de volta nos planos. Temos resiliência emocional – sabemos que sempre haverá pedras brutas, então já esperamos por isso e contamos que teremos que lidar com elas. Agradecemos a transparência daqueles que compartilham suas pedras brutas, oferecendo uma recepção positiva na RPN e nossa colaboração nas Reuniões de Atenção Especial que se seguirem, nas quais trabalhamos juntos em um plano de recuperação. Também comunicamos a toda a organização o status e os planos de recuperação e agradecemos a todos por suas contribuições.

Confiamos no processo. Confiamos em todos os elementos do TC, porque sabemos que funciona. A RPN é um processo confiável para uma implementação implacável. Ela permite que o líder – e todos os outros na organização – conheçam o andamento do trabalho a qualquer momento. Como os Comportamentos Esperados estão associados a um processo confiável que possui parâmetros e dados, todos se sentem confiantes de que estamos trabalhando em conjunto em um Plano Único. Conforme surgem os problemas, todos nós trabalhamos para resolvê-los e somos muito mais eficazes e bem-sucedidos juntos do que se tentarmos operar de forma independente.

O Papel Singular do Nosso Líder no TC

Reitero que *as contribuições mais importantes* de um líder são manter a si mesmo e à equipe de liderança coletivamente responsáveis por definir uma visão atraente, uma estratégia inclusiva e um plano de implementação implacável para entregar valor a todos os stakeholders. Portanto, *o papel singular* de um líder no

TC é garantir que todos os elementos de SGTC sejam aplicados de forma consistente por todos: o Roteiro de Criação de Valor, os Comportamentos Esperados e a Reavaliação do Plano de Negócios. O líder e a equipe de liderança não podem tolerar violações desses elementos do TC.

Quando digo que não podemos tolerar violações, realmente quero dizer sem exceções. Se algumas pessoas da equipe não estão praticando os Comportamentos Esperados, o líder deve ter conversas privadas com elas em tempo hábil para aconselhá-las a se adaptar. Se alguém não tem certeza se quer ou é capaz de mudar, sempre dou o conselho: "Tudo bem. Isso não significa que você é uma má pessoa. Mas sua decisão significa que você está optando por não fazer parte da nossa equipe". Se o comportamento continuar sendo um problema – quando as pessoas provam que não querem ou são incapazes de se adaptar depois de algumas conversas – eu as ajudo a perceber que estão fazendo a escolha de sair em vez de mudar – e que está tudo bem. O processo deve ser íntegro para funcionar; se o líder deixar de responsabilizar a todos pelo processo, então não estamos trabalhando em conjunto e nossos princípios, práticas e comportamentos serão vistos como uma farsa. Deste modo, o papel único dos líderes do TC é garantir a integridade do TC!

Deixe-me acrescentar que é extremamente necessário que o caráter do líder se baseie na humildade, no amor e na assistência. As competências do líder devem se afastar do comando e do controle para ser tornar um modelo exemplar, um facilitador e um coach. Se você não se sentir confortável com a humildade, o amor e a assistência como bases da sua liderança, terá muita dificuldade em ser um bom facilitador e coach, e não será capaz de obter os resultados que essa abordagem oferece.

O Trabalho Conjunto é um sistema abrangente – um método que vem funcionando muito bem. Ele pode ser adaptado a muitos setores e organizações diferentes. Na medida em que a organização alcança suas metas, todos os stakeholders obtém sucesso.

Aplicações

Usei nosso TC em funções variadas de liderança e ele sempre funciona. É muito importante que o líder seja consistente em sua honestidade e sinceridade em relação a "As pessoas primeiro", "Todos estão incluídos" e "Ouçam, respeitem e ajudem uns aos outros". Tal tarefa exige humildade genuína ao demonstrar consideração profunda pela dignidade de todos. Em alguns momentos, descobri que as pessoas não confiam nessa abordagem a princípio. É preciso paciência e comportamento consistente para construir confiança e ajudá-las a entender que faremos tudo da maneira que o TC prescreve.

Um exemplo disso foi publicado no livro *American Icon* (2012), no qual Bryce Hoffman escreveu sobre a reviravolta na Ford Motor Company. Nas primeiras semanas, durante nossas RPNs, os relatórios de progresso de todos estavam codificados em verde – o que significa que tudo estava indo de acordo com o plano. Claro, eu sabia que aquilo não podia ser verdadeiro. Eu disse a eles: "Sabe, estamos perdendo bilhões de dólares. Não há *nada* que não esteja indo bem?".

Este é um bom exemplo de como, enquanto líder, você simplesmente não tem como gerenciar um segredo. Como você tem poder, os outros geralmente lhe dizem o que acham que você quer ouvir. Se não se sentem seguros para revelar os problemas, geralmente não o fazem. Muitas vezes, os líderes dizem que são abertos, mas criticam alguém quando os problemas aparecem, e isso reduz a velocidade do fluxo ascendente de informações.

Demorou um pouco mais na Ford, até que Mark Fields foi o primeiro a demonstrar vulnerabilidade. Ele decidiu adiar o lançamento do Ford Edge, um produto muito aguardado, porque os testes encontraram um ruído de trituração na suspensão, mas não conseguiram identificar o motivo. Ele decidiu compartilhar esta decisão na RPN. Hoffman (2012, p. 124) narrou o relatório de Mark na RPN:

> "E, no lançamento do Edge, estamos vermelhos. Você pode ver lá", disse ele, apontando para a tela. "Adiaremos o lançamento". Todos olharam para Fields. Mulally, que estava sentado ao lado dele, também.
> *Alguém está muito encrencado*, pensou um de seus colegas.
> De repente, alguém começou a aplaudir. Era Mulally.
> "Mark, essa é uma ótima oportunidade" ele sorriu. "Quem pode ajudar o Mark com esse problema?".
> Bennie Fowler levantou a mão. Disse que enviaria alguns de seus especialistas em qualidade para Oakville imediatamente. Tony Brown, vice-presidente do setor de compras da Ford, disse que entraria em contato com todos os fornecedores relevantes e pediria que verificassem seus componentes.

Como tantos outros, esse problema foi resolvido porque alguém *confiou no processo* o suficiente para levá-lo adiante – e nos fez trabalhar em conjunto para resolvê-lo rapidamente. Mas também estavam observando Mark – e a mim, enquanto líder. Eles pensaram que ele estava correndo um risco real ao compartilhar esse problema, então, na semana seguinte, ele ainda era o único disposto a fazê-lo. Quando ele não foi criticado nem dispensado depois da segunda reunião, todos perceberam que eu realmente queria transparência e que realmente cumpriríamos com nossos Comportamentos Esperados. Assim, na RPN seguinte, a equipe de liderança trouxe um conjunto de *slides* que mesclava amarelo e vermelho, além do verde. Finalmente, nós pudemos começar a ajudar a Ford.

Deixe-me esclarecer como esse exemplo ilustra o quão extraordinariamente poderoso é o modelo da humildade na liderança (Capítulo 3). Demonstrarei brevemente as três conexões:

1. "Quem Eu Sou" como líder foi essencial para realizarmos esse tipo de progresso. Os membros da equipe de liderança tinham que ver que eu tinha um ego equilibrado e integridade para que confiassem no processo o suficiente para me revelar os problemas que estávamos enfrentando. Se eles tivessem me achado arrogante ou acreditado que meus comentários sobre o trabalho conjunto eram apenas da boca para fora, eles teriam permanecido com a atitude autoprotetora. Um mar de relatórios verdes teria nos levado direto à falência, porque não tem como gerenciar um segredo.

2. "O Caminho Que Aponto" também foi essencial para nosso sucesso. Nossa visão era atraente e nossa estratégia era ética porque ambas serviam a um bem comum: um crescimento lucrativo para todos os stakeholders. Nosso Plano Único envolveu a todos com muito entusiasmo.

3. "Como Eu Te Trato" foi igualmente poderoso, porque se baseou em nossos Comportamentos Esperados. Todos foram incluídos – todos entenderam o plano e participaram dele. Nossa inclusão foi generosa e genuína.

O uso do Plano Único, somado ao processo da RPN que se ramifica, também estava focado no desenvolvimento. Ensinou a todos os líderes da organização mais sobre a empresa – e sobre como administrá-la. Todos conseguiam enxergar seu próprio papel no nosso trabalho, o valor que agregavam à equipe e como teriam sucesso pessoal como resultado do trabalho conjunto.

Durante minhas consultorias, já ouvi uma série de reclamações relacionada à liderança e às culturas. Este exemplo mostra como geralmente os problemas começam:

> As coisas começam a se deteriorar quando o comportamento do líder se torna imprevisível nas situações difíceis. Os temperamentos explodem, a intimidação começa e a moda passa a ser procurar alguém para culpar quando os problemas surgem.

Infelizmente, isso gera um ambiente de medo e de intimidação. Mostra que falta ao líder a humildade de respeitar genuinamente a dignidade dos outros. Ao longo dos anos, já ouvi muitos comentários sobre como nosso processo de TC é incomum, como funciona bem e por que funciona. Deixe-me compartilhar apenas alguns deles aqui:

- "Tudo começa com um líder que cria o ambiente para o trabalho conjunto e lidera dando o exemplo".

- "As PESSOAS são fundamentais para o trabalho conjunto. E isso significa todas elas. Você e os principais líderes viveram isso todos os dias – as pessoas sabiam que eram importantes".

- "A principal diferença no ambiente do Plano Único que criamos gira em torno da criação de uma cultura de confiança, transparência e responsabilidade que não existia antes. A gênese desse ambiente de sucesso começou com sua disposição para alcançar todos os círculos e ser um bom ouvinte. Sob sua orientação, ouvimos melhor, reunimos os fatos e usamos os dados com eficiência para elaborar o Plano Único".

- "Se o líder não vive e respira isso e há algum tipo de disputa entre os membros da equipe de liderança para assumir, seu efeito negativo aparecerá na cultura. Lembro-me de você dizer que se alguém não conseguisse aceitar as mudanças que estava fazendo, tudo bem, essa pessoa poderia sair e você arrumaria outra disposta a fazê-lo."

- "Ter um plano inclusivo no qual todos pudessem trabalhar e acreditar gerou um multiplicador de forças enraizado na confiança. O que aprendi é que, mesmo nos piores momentos, um bom plano com liderança inspiradora motivará seus parceiros a tentar ultrapassar qualquer obstáculo pelo bem da equipe."

- "Todos conheciam o plano e, por meio do sistema da RPN em cascata, compreendiam seu papel nele. Mas, além disso, entendiam o PORQUÊ. Uma diferença crítica, especialmente nas decisões difíceis."

- "Avaliações de atenção especial no lugar certo, na hora certa, com as pessoas certas."

- "Você nos inspirou a fazer mais e ser mais do que jamais pensávamos ser possível."

Nosso TC realmente funciona. Baseia-se na humildade, no amor e na assistência. O líder precisa ter humildade para demonstrar profunda consideração pela dignidade dos outros.

Quando digo: "As pessoas primeiro – ame-as", eu realmente quero dizer isso. Usamos a palavra *amor* de maneira muito restrita e precisamos nos preocupar genuinamente com aqueles que lideramos. Eles não são apenas peões a serem usados para atingir nossos objetivos, são seres humanos – ame-os! Mostre a eles que são importantes. E quando você se concentra em servir ao bem comum e os convida a participar dessa tarefa, eles trarão seus corações e mentes e darão tudo o que têm.

Todos os elementos do nosso TC interagem entre si para dar suporte a organizações de alto desempenho, inteligentes e saudáveis. Por exemplo, "Todos estão incluídos" e ter um Plano Único proporciona que todos trabalhemos na mesma direção. Exigir os Comportamentos Esperados de "Ouvir, respeitar e ajudar uns aos outros" apoia "Todos saberem o plano, seu status e as áreas que precisam de atenção especial" porque, assim como o exemplo com Mark Fields mostrou, as pessoas só serão transparentes quando estão em um ambiente seguro. Portanto, cada um dos Comportamentos Esperados é crítico porque eles interagem de uma maneira poderosa.

O Trabalho Conjunto é tão eficaz porque todos ganham vida quando sua dignidade é respeitada. Eles sabem que são importantes e que estamos empenhados juntos para realizar algo realmente significativo para o bem comum. Trabalhar em conjunto em uma estratégia e um plano para entregar uma visão atraente que beneficie a todos os stakeholders e ao bem comum é realmente satisfatório e divertido! Sentir a satisfação da realização e do serviço significativo de cada indivíduo e da equipe como um todo é viver. Humildade, amor e assistência trabalham para construir um bem maior. O TC permite adaptação, crescimento e prosperidade em nosso mundo em constante mudança. Trabalhar em conjunto sempre funciona!

CAPÍTULO OITO

A Arte e A Prática da Humildade

Este é o milagre – quanto mais compartilhamos, mais conquistamos.
—Leonard Nimoy

Ao escrever sobre a humildade na liderança, não estou sugerindo que os líderes devam, de alguma forma, ser mais deslumbrantes ou complacentes. A humildade não requer carisma ou padrões baixos. Minha intenção é mostrar o extraordinário poder da humildade para o *trabalho conjunto*, criando, assim, organizações prósperas e resultados excelentes. Não há dúvidas de que o Sistema de Gestão do Trabalho Conjunto (SGTC) de Alan Mulally conquistou isso na Boeing e na Ford. O papel fundamental de sua abordagem é o papel singular do líder, baseado na humildade.

Você deve estar se perguntando se ela também funcionará na sua organização de menor escala ou caso as suas responsabilidades de liderança sejam diferentes ou menos complexas. Acredito que sim, e explico a seguir como essa abordagem pode ser redimensionada para diferentes situações. Na sequência, compartilharei mais sobre como identificar a humildade na prática no nível organizacional, começando com uma visão geral de como os Líderes Totais (aqueles com forte motivação e humildade) constroem organizações saudáveis e de alto desempenho – e concluirei com exemplos de outras políticas organizacionais que dão suporte à humildade e ao desempenho.

Redimensionando para Escalas Menores

O SGTC possui uma série de elementos que podem ser aplicados em organizações de *qualquer* tamanho. Eles incluem: (1) abraçar a responsabilidade mais importante do líder, (2) identificar o Roteiro de Criação de Valor e (3) estabelecer normas de comportamento para o trabalho conjunto. Um quarto elemento, a estrutura e o processo de como você supervisiona o trabalho (garantindo a implementação), pode ser facilmente adaptado a várias circunstâncias. Explicarei cada um deles em detalhes.

#1 — A Responsabilidade do Líder

Mulally afirma que a contribuição mais importante do líder é manter a si mesmo e a equipe coletivamente responsáveis por definir uma visão atraente, uma estratégia inclusiva e uma implementação implacável. Você deve se lembrar que definir a visão atraente e estratégias éticas são duas das chaves para a humildade na liderança. Já foi dito que o líder é aquele que cria o ambiente, e Mulally claramente atribui ao líder a responsabilidade de criar os processos e a cultura que determinam como trabalhamos em conjunto e quais serão nossos resultados. Ele o nomeia de "papel singular do líder".

Essa *contribuição mais importante* se aplica às lideranças de organizações de qualquer tamanho, não apenas a grandes empresas como a Ford e a Boeing. O papel singular do líder é aplicável a *start-ups* empreendedoras, a empresas familiares de médio porte, à mercearia do bairro e às organizações comunitárias. Também se aplica às lideranças das unidade de habilidades específicas, como finanças ou recursos humanos, e àqueles que supervisionam as divisões relacionadas aos produtos. Pode ser aplicada, ainda, em organizações sem fins lucrativos e governamentais que oferecem uma gama extremamente ampla de serviços, como saúde, educação ou serviços para veteranos de guerra, para citar apenas alguns. Isso se aplica até mesmo aos líderes que governam.

Portanto, a questão número um para garantir o sucesso do SGTC ao escalá-lo para organizações menores, ou de diferentes tipos, é entender e aceitar que a responsabilidade mais importante do líder é criar e manter o recipiente para o trabalho. Quando as lideranças entenderem o quão importante isso é, elas ficarão mais atentas e conscientes sobre o resto.

#2 — Identificando Seu Roteiro para Criação de Valor

Cada organização existe para agregar valor. As lideranças precisam orientar a organização na identificação do melhor caminho para criar valor para *todos* os stakeholders. A Figura 9 mostra um roteiro para a criação de valor na Ford Motor Company. E se você dirige uma clínica de atendimento de urgência? Ou uma pequena loja de impressões e entregas? Ou uma oficina de conserto de computadores? Você *ainda assim* cria um valor e precisa saber qual ele é, quem é afetado e quais são as melhores estratégias para criar e gerenciar resultados para todos os stakeholders.

Por exemplo, um casal abrindo uma oficina de conserto de computadores pode ter como objetivo inicial oferecer serviços de reparos para os clientes. Rapidamente, o casal descobre que precisará de mais pessoas na equipe técnica e instalações para fornecer alguns dos serviços solicitados, somados à equipe administrativa para preencher os registros dos negócios e processar o faturamento. Eles precisarão decidir exatamente quais serviços oferecer, qual será seu tempo médio de resposta e os preços. Ainda assim, se eles derem um passo atrás e examinarem o contexto mais amplo, provavelmente perceberão concorrentes no mercado local – não apenas pelos mesmos serviços, mas pelos talentos que precisarão contratar. Eles verão que também existe algum risco de danos ou perda de dados que requerem a contratação de um seguro e aconselhamento jurídico. A análise de custo-benefício pode ajudar esses líderes a identificar um caminho para a lucratividade.

Olhando ainda mais de perto, vemos que a reputação e o sucesso da loja dependem da satisfação dos clientes que fazem indicações e trazem novos negócios. Ainda assim, os clientes e a comunidade local são afetados por uma situação desafiadora para estacionar ao redor da loja. Além disso, talvez alguns reparos exijam a substituição de componentes que são difíceis de proteger e para os quais a loja precisa de fornecedor confiável. Seus líderes devem reconhecer que os stakeholders incluem não apenas funcionários, mas os clientes, os membros da comunidade e os vendedores. A integração de todas as suas necessidades deve ser considerada na elaboração do roteiro de criação de valor. Deste modo, poderão elaborar as declarações da visão e da estratégia que refletem o seu caminho para criar valor, como "Oferecemos reparos de qualidade para os clientes a preços acessíveis e com resposta rápida, além de validarmos seu bilhete em um estacionamento próximo. Oferecemos bons salários e condições de trabalho para nossos funcionários e incentivos para que nossos vendedores se mantenham íntegros". Os líderes e a equipe podem, então, criar um fluxo de trabalho apropriado para implementar essa visão em concordância com as metas e parâmetros de desempenho para alcançar os resultados desejados.

É importante ressaltar que os parâmetros precisam estar de acordo com os interesses de todos o stakeholders. Para tal, são necessárias as chaves da inclusão generosa e do foco no desenvolvimento da humildade. Ao avaliar nosso impacto em todos os stakeholders, vamos além da conversa fiada. Ou seja, *nós traçamos a fronteira para que todos os que são afetados pelo nosso trabalho sejam considerados stakeholders; suas necessidades e preocupações devem ser ativamente incorporadas em nossa visão, nossa estratégia e nossos parâmetros*. Nesse exemplo, os líderes devem monitorar os custos e as receitas, o tempo médio de resposta do reparo, a satisfação do cliente (com a qualidade do trabalho, a pontualidade e o estacionamento), a satisfação dos vendedores e as preocupações da comunidade sobre o impacto do estacionamento. Ter noção clara de como o valor é criado e de como medir o progresso em direção à implementação é importante – e factível – para organizações de qualquer tamanho.

#3 — Estabelecendo as Normas de Comportamento para o Trabalho Conjunto

O SGTC é claro sobre os Comportamentos Esperados. Muitos deles são comportamentos interpessoais específicos que estão intimamente ligados ao assunto deste livro: a humildade na liderança. Eles ilustram como o uso que um líder faz das chaves da humildade – e sua insistência para que todos se comportem de acordo – gera uma cultura saudável para o trabalho conjunto. Eles incluem as chaves para a humildade na liderança do ego equilibrado e da integridade. "As pessoas primeiro – ame-as", "Todos estão incluídos", "Respeite, ouça, ajude e apreciem uns aos outros", "Resiliência emocional – confie no processo", "Proponha um plano e tenha uma atitude positiva de sempre encontrar uma maneira" e "Divirta-se – aproveitem a jornada e uns aos outros" são comportamentos baseados na humildade do líder, porque mostram profunda consideração pela dignidade dos outros. Quando o líder é um modelo deste comportamento, e quando se demanda que outros também o exerçam, a organização torna-se aberta, confiante e próspera. É importante ressaltar que esses comportamentos são completamente dimensionáveis – podem ser aplicados a organizações de qualquer tamanho.

#4 — Estrutura e Processo para Garantir a Implementação

Uma outra gama dos Comportamentos Esperados (Figura 9) é aquilo que considero como práticas para gerenciar o trabalho ou supervisionar a implementação. Alguns deles discuti nos itens #1 e #2: como a aceitação do líder de sua responsabilidade mais importante enquanto liderança e, em seguida, como a identificação do roteiro e da criação de valor podem, ambos, ser redimensionados para organizações menores. Resultando em uma visão atraente, uma estratégia inclusiva, metas de desempenho e parâmetros. O SGTC também enfatiza a construção de um Plano Único no qual todos trabalham em conjunto, em que "Todos conhecem o plano, seu status e as áreas que precisam de atenção". E ele também pode ser muito bem aplicado em organizações de qualquer tamanho. O uso de fatos e dados para avaliar o progresso são aplicáveis a organizações de todos os tamanhos, uma vez que os dados se referem aos indicadores-chave que precisam ser monitorados regularmente para garantir uma implementação bem-sucedida. Os dados podem ser quantitativos ou qualitativos e podem ser coletados formal ou informalmente, conforme apropriado.

Finalmente, chegamos à *estrutura* de como os líderes monitoram a implementação. A Reavaliação do Plano de Negócios (RPN) de Mulally é uma reunião de atualização de status semanal (com outras reuniões específicas intercaladas para abordar as preocupações que surgirem), e o processo de usar *slides* codificados por cores para resumir o progresso garante que todos os envolvidos conheçam o plano, seu status e as áreas que precisam de atenção especial. O formato e a estrutura envolvidos na RPN para o SGTC é uma prática muito bem projetada. Ela é extremamente eficaz, pois possibilita que o líder e a equipe mantenham uma supervisão constante de organizações de grande porte, globais, multiprodutos e com muito stakeholders.

E se sua organização tiver apenas cinco pessoas? E se, em vez de se espalhar globalmente, vocês trabalharem juntos diariamente em um escritório de 800 metros quadrados? Ou, talvez, você tenha 50 funcionários em dois locais distintos na mesma cidade? Ou 500 pessoas fornecendo três serviços diferentes? Talvez você se considere um mercado de médio porte, com 1.500 funcionários. Qual seria a estrutura apropriada então?

Em todos os casos, os pontos #1, #2 e #3 devem se aplicar bem à sua organização. Você ainda precisa *garantir que todos conheçam o plano e o status.* Além disso, você precisará de uma forma de monitorar o progresso que a equipe e você, enquanto líder, entendam e sigam para garantir a implementação. Mas a estrutura de como você e eles se mantêm atualizados pode ser adaptada para se adequar ao seu trabalho. Ela pode assumir formas distintas, aqui estão algumas perguntas importantes a serem feitas:

- Quantas pessoas precisam estar alinhadas com você e entre si? Em geral, uma equipe maior significa mais nós de comunicação. Adicionando uma complexidade que dificulta a supervisão informal. De um modo geral, quatro a oito pessoas conseguem interagir muito bem informalmente; muitas organizações são desse tamanho. No entanto, quando nos aproximamos de dez a quinze pessoas, lapsos na comunicação tendem a ocorrer, o que pode prejudicar os resultados.

- Qual é a proximidade física deste grupo? Estão todos em um mesmo lugar ou dispersos? Pequenas equipes que interagem entre si diariamente, e que estão no mesmo lugar, geralmente conseguem manter as comunicações funcionando bem.

- Com que frequência estão em contato em suas rotinas? Mesmo com uma equipe pequena – se ela for composta por vendedores externos, por exemplo – ter escritórios no mesmo espaço não garante a troca de informações necessária.

- Como é a relação do líder com toda a equipe no espaço físico? E com que frequência o líder está presente com a equipe? Ter um escritório central enquanto gerencia uma filial remota deixa a liderança em risco de perder informações importantes. Estar ausente em viagens constantemente ou com os clientes em 90% do tempo é diferente de estar presente com a equipe todos os dias durante metade do turno.

- Se a organização for pequena, qual o grau de *sobreposição* entre os trabalhos dos membros da equipe, e quem entre *eles* precisa de quais informações para fazer seu trabalho bem? Uma organização pequena pode ter cinco ou dez pessoas trabalhando em um objetivo comum, mas com responsabilidades distintas e muito pouca sobreposição no que fazem. Reuniões frequentes para compartilhamento do status terão menos relevância nesse tipo de situação do que para um grupo de cinco ou mais pessoas que precisa trocar e receber informações para conduzir seu trabalho individual de maneira eficaz.

- Qual é o ritmo de mudança dos parâmetros que está monitorando? Se você está preocupado com as vendas em uma loja de varejo de material de construção, não gostaria de passar nem um mês sem saber que as vendas vem caindo ano após ano. Reuniões semanais ou quinzenais são apropriadas. Se você liderar uma pequena empresa de consultoria local, e levar muito tempo para garantir contratos com o governo, é provável que não haja mudanças significativas toda semana.

- E quanto ao temperamento, à motivação, à personalidade e aos níveis de habilidade da sua equipe? Para equipes habilidosas e altamente motivadas que apresentam os comportamentos certos ao trabalharem em conjunto, dependendo também das necessidades do líder, pode ser apropriado que haja menos supervisão. Para equipes que lutam entre si, ou nas equipes em que os membros não são bem treinados, nem muito motivados, a interação frequente com a liderança é importante.

A criação de uma estrutura para supervisionar a implementação dependerá de *você*, mas lembre-se de que a responsabilidade mais importante do líder inclui manter a si mesmo e a equipe responsáveis não apenas pela visão e estratégia, mas também pela *implementação*. Portanto, conhecer a opinião da equipe é extremamente recomendado porque apoia sua dignidade, afinal, vocês devem concordar com a prática que será usada para rastrear a implementação regularmente. Em uma extremidade, está a RPN altamente estruturada, que se reúne semanalmente. Eu a recomendo para organizações de tamanho e complexidade de moderado a grande. Para organizações muito pequenas, as perguntas citadas anteriormente devem ajudar as lideranças a determinar o que é necessário. Uma equipe de quatro ou cinco pessoas que interage continuamente em um mesmo escritório físico, com o líder também presente, normalmente consegue comunicar as informações importantes em tempo real. Geralmente não é necessária uma estrutura separada (como a RPN). Supondo que os membros da equipe sejam qualificados e totalmente engajados na abordagem do Plano Único e que as normas da humildade prevaleçam, a organização pode prosperar com informalidade. Isso funciona bem para muitos líderes de pequenos grupos dinâmicos.

Outros líderes podem precisar de mais estrutura. Organizações cujo tamanho e complexidade não são tão pequenos (mais de dez a doze pessoas na equipe) geralmente precisam de uma abordagem estruturada. As lideranças e o grupo se beneficiam de uma reunião regular da equipe com foco nas medidas de implementação específicas. O SGTC fornece um modelo forte para isso. As perguntas apresentadas devem ajudá-lo a decidir que tipo de estrutura você precisa para gerenciar bem a implementação.

O Panorama Geral

Quer sua organização seja grande, média ou pequena, os princípios baseados na humildade apresentados até agora criam ambientes saudáveis para o trabalho. Deixe-me apresentar agora uma visão geral de como a humildade na liderança cria organizações prósperas e como a falta dela pode ser tóxica o suficiente para produzir resultados prejudiciais.

Diversas pesquisas vêm sinalizado há algum tempo o quão importante é a humildade na liderança. Collins (2001) relatou uma comparação detalhada das organizações que se tornaram excelentes (com base nos lucros, desempenho das ações, etc.) em relação àquelas que eram simplesmente boas. A diferença mais importante se provou ser a *liderança*. Curiosamente, embora possamos esperar que o carisma seja importante, a *humildade* foi considerada um dos dois diferenciais do desempenho organizacional. As organizações "excelentes" tinham líderes que demonstravam ambos: determinação firme para o sucesso e humildade pessoal. Collins (2005) a descreveu como liderança de "Nível 5"*.

Vou me referir aos líderes que combinam forte motivação e humildade como o "Líder Total", porque distinguirei seu impacto de algo que surge quando falta humildade: a toxicidade. Baseando-me em sua explicação do SGTC no Capítulo 7, deixe-me usar Alan Mulally como exemplo de um Líder Total para explicar a Figura 11. Sua *motivação* se concentrou em toda a organização: ele usou o Plano Único e as Reavaliações do Plano de Negócios semanais para definir a direção e impulsionar a implementação. Além disso, sua *humildade* genuína era evidente. Os Comportamentos Esperados que ele exigia de si mesmo e de toda sua equipe de liderança (sem exceções) demonstravam uma profunda consideração pela dignidade dos outros. À medida que a dignidade dos outros era apoiada, a colaboração e o desempenho aumentaram e as organizações prosperaram sob sua liderança. Como deveríamos esperar, com base em Collins (2001), a combinação de uma forte motivação e humildade por parte do líder produziu ótimos resultados.

Como ela se provou verdadeira com todos os CEOs que entrevistei, é possível ver que a humildade é incrivelmente poderosa. Muito parecido com um tempero secreto, quando combinado

---

* Segundo Collins, os níveis são: Nível 1 (capacidades individuais), nível 2 (capacidades de equipe), nível 3 (capacidades de administração) e nível 4 (capacidades de liderança). O líder nível 5 possui todas essas capacidades, e, além disso, tem humildade. [N. da R.]

com motivação, a humildade de um líder constrói um *sistema de autorreforço*, conforme ilustrado na Figura 11. Ela impulsiona a dignidade, a colaboração e o desempenho de todos. O aumento do entusiasmo e do desempenho criam uma dinâmica próspera na organização, que oferece feedback positivo ao líder (apreciação e reputação), o que, por sua vez, reforça a motivação e a humildade na liderança.

FIGURA 11. A Organização Próspera.

Mas o que acontece quando os líderes carecem de um dos elementos que Collins (2001) considerou importante? Bem, se um líder tem humildade, mas não tem motivação, a organização tenderá a não avançar bem (o que é ruim para o desempenho a longo prazo). No entanto, tendemos a selecionar líderes motivados. Queremos que eles sejam motivados porque presumimos que sua busca por resultados levará a um ótimo desempenho. Portanto, poucos líderes seniores parecem não ter motivação. Em vez disso, um cenário muito mais comum é aquele em que os líderes são motivados – mas carecem de humildade. O que acontece então?

Quando os líderes têm motivação forte *que não é temperada pela humildade,* constroem-se culturas organizacionais muito diferentes – assim como os resultados. Embora certamente haja uma ampla gama desses comportamentos, leve, moderado ou extremo, a Figura 12 mostra *a direção do efeito* gerado nas organizações por um líder com motivação, mas sem humildade. Muitos descrevem os líderes que carecem fortemente de humildade e as culturas organizacionais que são criadas como sendo "tóxicas". Os líderes tóxicos direcionam suas motivações para os outros – exortando seu desempenho, principalmente através do poder e do controle (às vezes por meio do medo e da intimidação).

A falta de humildade na liderança desencadeia uma espiral descendente porque ela *prejudica* a dignidade dos outros. Não sendo vistos como indivíduos cuja dignidade importa, eles se sentem usados e desprezados. O resultado é o moral e a motivação mais baixas, fazendo com que os líderes pressionem com mais força, às vezes fazendo repreensões pelo não atingimento das metas. A desconfiança, as conversas paralelas internas e as reclamações aumentam, assim como o comportamento político, à medida que as pessoas tentam se proteger e se defender. Os espectadores ouvem as queixas sobre os líderes e aprendem a ficar atentos aos maus-tratos. Isso cria uma mistura tão tóxica que a satisfação organizacional, o engajamento e o desempenho diminuem e o cinismo em relação à liderança aumenta. A organização como um todo se torna tóxica, em vez de apresentar um alto desempenho:

Esses modelos esclarecem por que a humildade na liderança é tão importante para gerar organizações prósperas. A humildade do líder afeta *pessoal e diretamente* a dignidade dos outros, gerando efeitos no engajamento, no desempenho e na satisfação. Quando nos lembramos, no Capítulo 1, que Gallup (2018) descobriu que 66% dos funcionários estão apenas minimamente engajados cognitiva e emocionalmente em seu trabalho, que eles vão trabalhar, mas fazem o mínimo necessário, precisamos examinar o papel dos líderes na criação do ambiente para o trabalho conjunto. Quando o ambiente não é saudável, as pessoas podem até ficar, mas não se engajam. A mesma tendência acontece com outros stakeholders: quando o líder é tóxico, quando ele ou ela carece de humildade e despreza a dignidade dos outros, muitos retirarão seu apoio (parcial ou totalmente). O Trabalho Conjunto sofre e o progresso diminui.

No entanto, a humildade dos líderes seniores também pode influenciar a organização por meio das *políticas e práticas* que eles estabelecem. Além do SGTC, há uma série de outras boas práticas que apoiam a dignidade, algumas lidando com a visão organizacional e outras vinculadas a políticas de recursos humanos relacionadas ao modo de seleção, ao desenvolvimento, à remuneração e à gestão de desempenho por parte dos líderes. Embora cada organização precise determinar as políticas que melhor atendam às suas necessidades, compartilharei aqui uma variedade de práticas baseadas na humildade para você considerar.

FIGURA 12. A Organização Tóxica.

Visão Organizacional

Uma visão e estratégia atraentes não são apenas chaves importantes para a humildade na liderança a nível dos indivíduos, mas também são um ótimo ponto de partida para políticas e práticas organizacionais baseadas na humildade. Conforme foi apresentado no Capítulo 5, a Business Roundtable (2019) reenquadrou o propósito dos negócios de modo a focar no valor para os stakeholders, não apenas em gerar mero retorno aos acionistas. A Investopedia (2019) relatou que os investimentos estão crescendo rapidamente em organizações que são vistas de maneira favorável em sua abordagem do impacto ambiental, social e de governança. Algumas organizações estão ampliando suas visões para se adequar; outras ainda precisam fazê-lo.

Não são apenas os produtos, os serviços e o posicionamento competitivo que são importantes para os investidores e clientes; as organizações não se destacarão a menos que os funcionários gostem de estar lá. O que estamos fazendo? O que nós apoiamos? Isso é algo do qual as pessoas podem se sentir orgulhosas?

Muitos profissionais têm múltiplas escolhas em relação ao seu empregador. Se eles se orgulham da reputação da organização em que trabalham, eles aumentarão sua reputação também e contribuirão com o seu melhor. Quando as pessoas se olham no espelho, muitas também questionam se o seu ambiente de trabalho está contribuindo positivamente para sua própria *reputação*. A humildade na liderança ajuda a mantê-lo alerta de modo que a resposta seja sim. Se sua organização for fraca nessa área, você deve considerar o desenvolvimento de produtos, de serviços ou contribuições adicionais para o bem comum que podem melhorar o foco de todos. Se seus produtos e serviços, assim como a maneira como conduz seus negócios, são saudáveis, você deu o primeiro passo importante para ter um efeito positivo nas pessoas que trabalham com você.

> Temos sorte na Brooks Running porque correr é uma força positiva na vida das pessoas. Quero que as pessoas trabalhem na Brooks porque optam pelos valores da nossa marca, do nosso negócio e do nosso modo de fazer o trabalho. — JIM WEBER

Seleção de Lideranças

Um poderoso conjunto de políticas e de práticas que é influenciado pelos líderes de uma organização é aquele utilizado para selecionar os talentos na liderança. Ele começa no nível do conselho porque os conselhos de administração selecionam o CEO e os seus outros membros. Há dados que apresentam que os conselhos corporativos tendem a não ter diversidade étnica, nem de gênero. Por si só, isso já implica que os membros do conselho não estão praticando a inclusão generosa (um aspecto importante da humildade) quando eles realmente não veem as pessoas que diferem do grupo dominante como adequadas para a promoção.

Conselhos homogêneos não percebem o valor de ter pontos de vista diversos representados em suas discussões. A diversidade na base de funcionários ou clientes deve estar refletida nos níveis mais altos, incluindo o conselho, para garantir que as implicações das direções estratégicas e competitivas sejam totalmente exploradas. A diversidade dos membros também chama a atenção para as questões pessoais e a inclusão, que são aspectos da liderança baseada na humildade. Considere esta perspectiva de uma CEO com experiência substancial com conselhos:

> A diversidade definitivamente ajuda dentro dos conselhos. Se eu estou em um conselho e há outra mulher, a discussão geralmente é mais abrangente. As mulheres tendem a olhar para as

pessoas e para as questões sociais – elas considerarão a equidade e a lente da diversidade. A mesa do conselho também se torna mais inclusiva, colaborativa. As mulheres ajudam a ligar os pontos para o bem de todos. — PHYLLIS CAMPBELL

Os conselhos de administração geralmente escolhem os CEOs para liderar a organização. Portanto, se o conselho for inclusivo e atento às questões relacionadas à humildade, podemos esperar que ele valorize esses aspectos ao selecionar os CEOs. Independentemente, as práticas para seleção de líderes vão muito além dos conselhos. O CEO e a sua equipe de liderança também precisam fazer da humildade um fator importante na escolha dos outros líderes da organização.

Estou sempre contratando tendo a cultura em mente. É importante que as pessoas que contratamos mantenham seus egos sob controle, sejam bons líderes de equipe e gostem genuinamente das pessoas. É normal ter orgulho de suas próprias realizações, mas você deve reconhecer que os outros também têm realizações. Nossa cultura é forte, de modo que, se chegarem aqui com atitudes egoístas em busca de construir seu próprio currículo, a organização rapidamente perceberá isso, e então os mastigará e os cuspirá. — JIM WEBER

Os CEOs que entrevistei reconhecem que a humildade não é o único fator importante na contratação das lideranças. Mas geralmente davam destaque a ela em suas considerações. Alguns viram a humildade como um fator que deu suporte para o crescimento da liderança a longo prazo:

Quando contratamos executivos, não são contratos de curto prazo. Estamos apostando nessa pessoa pelos próximos dez anos, ou mais. Deste modo, queremos alguém que não seja bom apenas hoje, mas que se tornará melhor com o tempo. E

achamos que pessoas humildes fazem isso. A humildade ajuda a otimizar o desenvolvimento, e essas pessoas são mais divertidas de ter por perto. Existem outras qualidades que procuramos também. Procuramos pessoas que sejam inteligentes e tenham o tipo certo de ambição – para a equipe e para a empresa, e não apenas para si próprias. Finalmente, elas precisam estar comprometidas, dizemos "incorporadas" aos nossos valores.
— BRAD TILDEN

Desenvolvimento de Lideranças

Além da seleção dos líderes, outras políticas e práticas devem abordar o modo como as organizações desenvolverão seus futuros líderes. Três tipos de aprendizado são especialmente importantes. O primeiro é comumente reconhecido como a necessidade de entender o negócio. Em segundo lugar, o progresso em níveis mais altos da liderança normalmente se beneficia da exposição externa, que constrói um conhecimento mais profundo em certas habilidades ou um conhecimento mais amplo da indústria e de práticas relevantes.

No entanto, quando se trata do desenvolvimento da liderança, entender o negócio e o setor não são suficientes. Uma terceira área de desenvolvimento importante é a das habilidades sócio--emocionais de um líder. Esta terceira área é negligenciada com frequência, o que pode resultar em organizações tóxicas. Como mostrei nas seis chaves para a humildade, as habilidades envolvidas no apoio à dignidade dos outros são críticas e as organizações inteligentes sempre as levam em consideração ao desenvolver seus líderes. Elas também podem ser explicitadas como parte do planejamento de sucessão e do avanço interno:

Na Ford e na Boeing, sempre coloquei um fator em nosso planejamento de sucessão e gestão de desempenho sobre a humildade. Eu realmente usei a palavra "humildade". Trata-se de uma pessoa que busca compreender antes de ser compreendida? Foi um fator significativo nas decisões relacionadas a promoções. — ALAN MULALLY

As seis chaves para a humildade na liderança são muito importantes, e a maioria dos líderes pode desenvolver competência razoável em cada uma delas, se motivados a fazê-lo. No entanto, as nuances do julgamento sobre quando usar essas chaves e como adaptá-las será melhor quando a *tendência* natural de alguém é sentir e demonstrar profunda consideração pela dignidade dos outros. Se essa tendência estiver faltando de modo sério, poderá causar problemas com o tempo, uma vez que os líderes enfrentam muitas situações complexas e desafiadoras que envolvem pessoas. Os CEOs sábios tomam medidas que evitam que suas culturas se tornem tóxicas:

[*Pensativo*] É muito difícil ensinar "habilidades interpessoais". Quando nomeamos gerentes, temos que ter bastante confiança de que eles têm boas habilidades interpessoais. Certamente, já cometemos alguns erros. Gostamos de pensar que estamos desenvolvendo uma cultura que é "livre de idiotas". Se os funcionários odeiam seus chefes, você tem alta rotatividade. Vimos algumas situações em que tentamos mudar as pessoas, mas se elas não respondem depois de algumas tentativas, você precisa transferi-las para um trabalho no qual haja menos supervisão de pessoas. — JIM SINEGAL

O coaching de liderança é uma prática que pode ajudar a desenvolver habilidades interpessoais – se aqueles que o recebem se dispuserem ao crescimento. O coaching pode ser informal (por meio de mentoria) ou mais formal (com a contratação de um coach externo). Mas parte do sucesso da aprendizagem dependerá da organização estabelecer expectativas claras de que a humildade é importante não apenas para a liderança, mas para o sucesso da própria organização. Deste modo, os líderes que estão sendo treinados compreenderão que a humildade não é apenas uma qualidade desejável, mas algo que eles devem desenvolver como uma competência fundamental de liderança.

> Já passamos por situações em que o profissional tinha as competências técnicas para chegar ao sucesso, mas precisava melhorar sua humildade para lidar com uma posição sênior. Você tem que pensar nisso com muito cuidado porque o que se deseja é equilibrar a oportunidade para um indivíduo com o que é melhor para todos os outros – não apenas em termos de capacidades para fazer um trabalho, mas de humildade e capacidade para lidar com as pessoas. A humildade não é o único fator, mas é muito importante. E é importante ser aberto e franco com um candidato à vaga sobre a expectativa em relação à humildade na forma como ele interage com os outros. Eu deixo claro que, se falharem nessa parte do trabalho, isso limitará suas carreiras.
> — JEFF MUSSER

Uma vez que é difícil ensinar habilidades interpessoais, os executivos entrevistados estavam atentos a isso ao discutirem a humildade. Alguns assumem uma postura assertiva ao desenvolver líderes: em particular, eles buscam uma *autoconsciência* do indivíduo. Se isso estiver presente, o coaching e o feedback são muito mais promissores como parte do desenvolvimento do líder.

> As pessoas que não percebem seu próprio comportamento são muito difíceis de mudar. Pessoas que têm humildade geralmente são sensíveis no modo como interagem com os outros. Então, nós selecionamos e treinamos com este intuito, por meio de feedback e coaching. Precisamos de pessoas com autoconsciência

e humildade, abertas às críticas e à orientação. Se não tiverem essa abertura, não terão muito sucesso na liderança. — JOHN NOSEWORTHY, MÉDICO

Abordagens de Compensação Progressiva

É amplamente reconhecido que as disparidades de renda aumentaram drasticamente nos Estados Unidos desde a década de 1950, quando os CEOs ganhavam vinte vezes o salário de um trabalhador médio. A *Forbes* (Hembree, 2018) relatou que, em 2017, o múltiplo havia crescido de modo que os CEOs ganhavam uma média de quase 14 milhões de dólares por ano, ou 361 vezes o salário dos funcionários comuns, nas empresas integrantes do Index S&P. À medida que a classe média declinou, vários problemas surgiram. Reconhecendo a dignidade dos trabalhadores, algumas organizações têm usado abordagens progressivas para questões de compensação.

Uma das abordagens mais inovadoras é a de Pagamentos por Gravidade. Em 2015, o CEO Dan Price definiu o salário mínimo para seus funcionários em Seattle (uma cidade com custo de vida alto) em 70 mil dólares depois de ouvir a preocupação de que alguns funcionários estavam tendo dificuldade para pagar o aluguel somado aos seus empréstimos estudantis. Ele acreditava que todos mereciam um salário digno e repartiu seu próprio pagamento de um milhão de dólares para pagar pela diferença. Tendo recentemente aberto um escritório em Boise, após adquirir a empresa ChargeItPro, de Idaho, e descobrir que a maioria dos funcionários ganhava menos de 30 mil dólares por ano, Price imediatamente concedeu aos funcionários um aumento de 10 mil dólares e prometeu dar aumentos anuais que garantiriam que todos estivessem ganhando 70 mil até 2023 (Hahn, 2019). Price foi influenciado a adotar essa abordagem de salário mínimo por um estudo que relatava que o dinheiro adicional poderia promover, significativamente, a felicidade na vida daqueles que ganhavam menos de 70 mil dólares por ano. A decisão proferiu claramente "Eu vejo você" a seus funcionários. Cortar seu próprio salário para oferecer salários melhores para eles é uma forma de inclusão generosa – ele mostrou uma profunda consideração pela dignidade dos outros ao compartilhar a riqueza. Embora tenha recebido algumas críticas por sua decisão, sua empresa se sai bem e seus funcionários relatam que ele fez uma grande diferença em suas vidas.

Outras abordagens alinham bônus e planos de aposentadoria 401(k)* ao desempenho organizacional. Em si, não se trata de algo incomum. O que é digno de nota é como os CEOs entrevistados tiveram a intenção em alinhar as políticas de modo a reconhecer as contribuições daqueles que fazem o trabalho e garantir que a abordagem de remuneração apoiasse suas dignidades. Uma delas é a Expeditors International, conhecida pelo forte crescimento e desempenho financeiro, assim como pelo atendimento ao cliente excepcional em seu setor. Os funcionários são altamente motivados graças à abordagem da empresa em relação à remuneração, que apoia suas dignidades:

> Um senso de humildade aparece em algumas de nossas políticas. Por exemplo, esperamos que o CEO pague pelo estacionamento na garagem como todo mundo. E devolvemos 25% do lucro bruto às unidades operacionais. Cerca de 5% cobrem os custos regionais, mas 20% vão para o pagamento de bônus em cada filial e são alocados aos funcionários – as pessoas que realizam o trabalho. Outro exemplo é uma mudança recente

---

* Planos de aposentadoria 401(k): conta de aposentadoria patrocinada pela empresa para a qual os funcionários podem contribuir. [N. da R.]

> em nosso plano 401(k), no qual a empresa costumava igualar US$0,50 por dólar nos primeiros 3 mil dólares. Pensamos em fazê-lo exponencialmente – até os primeiros 6 mil dólares. Mas decidimos ir dólar por dólar nos primeiros 3 mil dólares, pois assim não prejudicaria os funcionários de nível inferior que não podem contribuir com um valor tão alto. — JEFF MUSSER

Um ponto que vale a pena observar no exemplo de Musser é a atenção da empresa às regalias dos executivos com o intuito de minimizar exibições de favoritismo por status. Várias outras empresas também o fazem. Funcionários relataram que Jim Sinegal não tinha vaga reservada no estacionamento. Howard Behar comentou que, por muitos anos, a política da Starbucks não oferecia carros da empresa para os executivos. Todos esses são exemplos de como as políticas organizacionais podem criar distâncias ou sugerir a colaboração entre trabalhadores e líderes.

Outro ponto que vale a pena comentar do exemplo de Musser é o quão cuidadosamente os líderes precisam pensar sobre todos os funcionários, sejam eles em regime de tempo integral ou meio período, ao considerar os bônus e a aposentadoria 401(k). Indo um passo adiante, uma das CEOs entrevistadas descreveu uma abordagem cuidadosa para mudanças nas remunerações:

> No início de minha gestão na REI, mudamos nosso plano de incentivos de modo a incluir todos os funcionários – não apenas os gerentes. Historicamente, a REI tinha uma contribuição generosa de até 20% do salário do funcionário para os planos 401(k), para funcionários em tempo integral, e um plano de incentivo adicional para os gerentes. Mas a equipe de meio período, que representava cerca de metade da força de trabalho, não tinha oportunidade de participar. Havia uma desconexão para os funcionários, especialmente os de meio período, e queríamos alinhar seus interesses aos da REI.

Assim, mudamos nossas práticas para refletir um incentivo maior a todos os funcionários de período integral, assim como para os de meio período, de modo a atingir nossos objetivos. A aposentadoria 401(k) foi reformulada para garantir aos funcionários participantes 5% de seu salário, mais um adicional de 10% vinculado ao desempenho geral da REI. Pegamos os 5% restantes e financiamos um plano de incentivo baseado no desempenho de todos, vinculado a uma combinação do desempenho do grupo de trabalho e da organização como um todo. Esse trabalho de equipe recompensado deu a todos os funcionários um horizonte que eles podiam controlar e lhes permitiu compartilhar do sucesso da empresa.

Essa e outras mudanças ocorreram quando realmente ouvimos as pessoas – por exemplo, o que definiria um salário mínimo – e começamos a mudar nossas práticas para atender às suas preocupações. Foi pessoalmente humilhante e esclarecedor ver as inconsistências entre a nossa visão e as nossas práticas. — SALLY JEWELL

No setor de varejo, especialmente nas empresas de fast food, os salários iniciais são baixos e a rotatividade é bastante alta. A Starbucks também é conhecida por ter quebrado as normas do setor décadas atrás, quando oferecia benefícios a trabalhadores de meio período. Isso fez sentido estratégico porque permitiu que a empresa fosse mais seletiva nas contratações e reduziu a rotatividade. Gerou também maior comprometimento com o atendimento ao cliente em uma empresa cujo crescimento dependia disso. Mas isso só aconteceu porque as pessoas eram tratadas com dignidade – sendo vistas como indivíduos importantes para a empresa e não como trabalhadores dispensáveis.

Atualmente, uma preocupação crescente entre os funcionários é com políticas que deem apoio à paternidade. Particularmente em empresas de tecnologia e em funções de alta especialização, em que os funcionários têm várias opções profissionais e optam por organizações que oferecem licença parental. Os líderes estão mostrando humildade ao estabelecer políticas que apoiam as famílias:

> Na TIAA, nós nos esforçamos para criar políticas centradas no humano/no funcionário. Em 2018, implementamos quatro meses de licença parental remunerada. É para todos os funcionários, em tempo integral ou parcial, independentemente de seu gênero, se eles deram à luz, ou não, e se eles serão o cuidador principal ou secundário de seu filho. Custou-nos caro fazer isso, mas o fizemos porque acreditamos que era a coisa certa a fazer por nossos funcionários e por suas famílias. No setor de serviços financeiros, seus ativos saem pelo elevador todas as noites. Há uma verdadeira guerra pelos talentos lá fora. Você precisa mostrar que valoriza as pessoas. — ROGER FERGUSON

Gestão do Desempenho

Uma área final das políticas e práticas relacionadas às lideranças é o modo como elas são responsabilizadas pelo desempenho. Há muitas maneiras pelas quais as organizações podem fazer isso, mas é preciso dar muita atenção aos comportamentos baseados na humildade para criar uma cultura próspera. Uma abordagem é a de estabelecer um período de experiência antes de um compromisso formal ser firmado:

> Quando recrutamos profissionais para ingressar na Mayo Clinic, eles recebem uma nomeação de três anos. Parte disso é para ver se eles se encaixam, além disso, deve haver votação para a nomeação permanente. Estamos todos nisso em nome de um propósito maior: melhorar a saúde dos pacientes. Procuramos humildade, excelência e compromisso. — JOHN NOSEWORTHY, MÉDICO

A abordagem final que mencionarei envolve entrelaçar diretamente a remuneração dos líderes a todas as metas organizacionais significativas (não apenas a algumas delas, como geralmente acontece). Para ilustrar como isso pode ser bem feito, Alan Mulally usou o Processo de Gestão de Desempenho (PGD) como um complemento para seu Sistema de Gestão do Trabalhando Conjunto. O PGD foi projetado para ajudar os membros da equipe de liderança a alinhar suas contribuições funcionais e seus comportamentos do trabalho conjunto com o sistema do TC. Cada membro da equipe tem seu próprio plano de melhoria individual, assim como a responsabilidade de apoiar os outros membros e o Plano Único da empresa. O plano de compensação da organização para as lideranças criou um forte incentivo para atender a *todas* essas necessidades por meio da seguinte fórmula:

Bônus anual do líder = bônus alvo do líder × pontuação de desempenho da empresa × pontuação de desempenho individual

O bônus alvo do líder é uma porcentagem do salário-base do líder e reflete suas responsabilidades no momento. A pontuação de desempenho da empresa reflete o desempenho coletivo da empresa em seu Plano Único. E a pontuação de desempenho individual reflete ambos, o desempenho da pessoa nas suas responsabilidades funcionais e nos Comportamentos Esperados no plano do TC. Este último elemento, a pontuação de desempenho individual, foi gerado pela avaliação conjunta do líder *e* da equipe da pontuação de desempenho individual de cada líder (ou seja, está relacionado aos pares e ao indivíduo).

Cada elemento da fórmula é classificado de 0 a 2, em que 2 significa alto. A natureza multiplicativa da fórmula significa que a falha (uma classificação 0) em qualquer elemento faz com que não haja bônus no ano. Este sistema claramente responsabiliza os líderes pelo seu desempenho – tanto nos Comportamentos Esperados, quanto nas competências funcionais. Ao fazê-lo, garante uma cultura de humildade que dá suporte à colaboração entre os pares e se escalona para os outros profissionais da organização.

Em suma, o comportamento direto dos líderes afeta a dignidade dos outros. E o comportamento indireto influencia a dignidade dos outros por meio das políticas e das práticas que os líderes estabelecem. Entre as mais importantes estão aquelas que afetam a seleção, o desenvolvimento, a remuneração e a gestão do desempenho de todas as lideranças da organização. Coletivamente, as equipes de liderança implementam políticas que afetam a todos, criando organizações prósperas (ou tóxicas).

IDEIAS PARA AÇÃO

1. Em uma escala de 5 pontos, em que 1 significa muito fraco e 5 significa excelente, avalie seu próprio desempenho na contribuição mais importante do líder (responsabilizando-se com a equipe por construir uma visão atraente, uma estratégia inclusiva e uma implementação implacável).

2. Você consegue descrever a todos que trabalham com você como o valor é criado naquilo que você faz? Eles entendem quem são todos os stakeholders?

3. Usando uma escala de 5 pontos, classifique sua organização de 1 (tóxica) a 5 (prosperando).

4. Você é um modelo das seis chaves para a humildade? Você responsabiliza as outras pessoas em seu ambiente de trabalho para que ajam de acordo?

5. Considere os pontos da seção "# 4 — Estrutura e processo para garantir a implementação". Qual estrutura e processo você possui para monitorar sua implementação? Eles precisam mudar? Se sim, como e por quê?

CAPÍTULO NOVE

A Construção da Humildade na Liderança

Quando o coração é tocado pela experiência direta,
a mente é desafiada a mudar.
— Peter Hans Kolvenbach

Os doze CEOs entrevistados para este livro oferecem excelentes insights do valor da humildade na liderança. Além disso, também são pessoas notáveis. Por que alguns líderes têm humildade e outros não? Visto que a humildade é tão importante, podemos entender mais sobre como ela é construída? Há algo que possamos fazer para desenvolvê-la em líderes que não têm humildade, assim como em outros que desejam melhorar a sua própria?

Neste capítulo, apresentarei várias observações sobre como a humildade pode ser construída com base nas entrevistas realizadas com os CEOs. Na sequência, compartilharei minha experiência na construção da humildade por meio da educação executiva e da consultoria, seguida de uma seção contendo reflexões e atividades para melhorar sua humildade pessoal. No final deste capítulo, você também encontrará uma página dedicada a cada um dos CEOs. Estas páginas contêm suas biografias excepcionais e breves declarações sobre como desenvolveram sua humildade pessoal.

Construção da Humildade Entre os Entrevistados

Ao conversar com cada CEO, fiquei impressionada com sua humildade – não apenas em como cada um deles interagia comigo, mas também na consideração genuína pelos stakeholders que transparecia em seus comentários. Não pude deixar de me perguntar como esses líderes desenvolveram e mantiveram a humildade pessoal, apesar de suas responsabilidades e realizações excepcionais. Descreverei brevemente alguns temas que observei nas entrevistas. Eles incluem experiências diretas, aprendizado por observação e normatização social.

Experiência Direta

Pessoas cujo status demográfico não está incluído no grupo dominante, cedo tornam-se cientes de suas diferenças e tendem a passar por experiências em que não são aceitas ou em que não se encaixam totalmente. A experiência de ser colocado do lado de fora, ser marginalizado, muitas vezes (embora nem sempre) dá apoio ao desenvolvimento da humildade pessoal. Por definição, grupos marginalizados recebem sinais culturais de que pessoas como eles não são tão valorizadas. Tendem a ter mais trabalho para encontrar seu caminho. Quando desenvolvida de forma adequada, sua identidade madura permanece ciente de suas raízes humildes e tem empatia pela dignidade dos outros.

Muitos aspectos da diversidade podem gerar este efeito, mas gênero e raça/etnia recebem atenção proeminente precisamente porque geram uma marginalização significativa. Ainda é raro que mulheres e minorias cheguem a cargos de CEO em organizações proeminentes. A *Fortune* (Zillman, 2019) relatou que 6,6% das empresas Fortune 500 tinham CEOs do sexo feminino, além disso, a *Fortune* (Donnelly, 2018) também afirmou que apenas 3% das 500 maiores empresas eram chefiadas por afro-americanos. Esses números garantem menos modelos exemplares de CEO para mulheres e minorias que têm o talento e o desejo de buscar posições seniores e, potencialmente, menos acesso a suporte (como oportunidades de mentoria e desenvolvimento).

Vários dos entrevistados têm origens diversas e experiências diretas de pertencer a uma minoria. Phyllis Campbell e Sally Jewell são mulheres – ambas pioneiras por terem atuado em negócios e cargos de gestão em uma época em que as mulheres tinham ainda menos acesso a cargos de chefia. Phyllis também é ásio-americana (descendente de japoneses). Como ela descreveu em sua entrevista, teve que superar os estereótipos relacionados às mulheres asiáticas. De maneira semelhante, Roger Ferguson e Orlando Ashford, afro-americanos, precisaram encontrar seu caminho em um mundo de negócios com muito poucos executivos seniores como eles. Os membros de grupos que enfrentaram discriminação geralmente têm consciência das maneiras como as diferenças demográficas os colocam em minoria. O que geralmente estimula a humildade.

Deixe-me lembrar que a *diversidade é apenas um tipo de experiência direta que pode construir humildade*. Existem, é claro, muitos outros. Menciono a diversidade porque ela transpareceu nos CEOs que entrevistei. O importante é que a humildade pode se formar a partir de experiências pessoais fortes que foram humilhantes.

Aprendendo com a Observação

Vários dos CEOs descreveram que seus pais enfrentaram desafios significativos. Embora esta tenha sido em parte uma experiência direta porque afetou as famílias em que os entrevistados cresceram, também serviu como uma forma importante de aprender indiretamente com a experiência dos *outros*. As lutas dos pais entre os entrevistados incluíram imigração, deficiência e origens econômicas modestas. Novamente, esses são apenas um subconjunto de desafios potenciais que os pais podem enfrentar, e é provável que as dificuldades enfrentadas por irmãos ou outras pessoas próximas de nós tenham um efeito semelhante. No entanto, sua prevalência entre os doze entrevistados merece atenção.

Os pais de Howard Behar e Phyllis Campbell começaram e administraram pequenos negócios para sustentar suas famílias. Behar é um norte-americano de primeira geração; seus pais eram imigrantes. O inglês não era a língua nativa deles e sentiram a necessidade de adaptação cultural depois de chegar ao país. Os pais de Phyllis Campbell eram americanos de segunda geração. No entanto, como nipo-americanos, seus avós e a maioria de seus filhos ficaram confinados em um campo de concentração para japoneses durante a Segunda Guerra Mundial; e perderam o armazém da família. O pai de Campbell acabou encontrando emprego em uma lavanderia de lavagem a seco, que mais tarde ele conseguiu comprar.

O pai de Brad Tilden tinha poliomielite. Em nossa discussão, seu pai soou bastante heroico. No entanto, era evidente que Tilden era humilde por observar os desafios que seu pai enfrentou todos os dias.

De maneira semelhante, circunstâncias econômicas modestas também contribuíram para a humildade. Campbell contou que seus planos eram trabalhar na lavanderia de sua família porque seus pais não tinham dinheiro para pagar pela faculdade, até que ela recebeu uma bolsa de estudos no último minuto de um benfeitor anônimo. Tilden mencionou ter crescido não muito longe da sede da Alaska Airlines, uma área com circunstâncias econômicas modestas. Ele disse que conhecia mecânicos da companhia aérea que cresceram na mesma área e percebeu que poderia ter seguido o mesmo caminho.

Ver os outros lutarem e estar perto daqueles que possuem meios modestos parece contribuir para a humildade. Parece que parte de nossa identidade – de quem somos – é moldada de maneira mais humilde a partir dessas circunstâncias do que seria se a luta não fosse evidente.

Crenças e Normas Sociais

Todos nós crescemos em um contexto que inclui crenças e normas sociais. Os entrevistados relataram que sua humildade foi construída por contextos distintos, como as normas regionais, o ensino recebido dos pais e a religião/fé.

Quando se trata de normas regionais propensas à humildade, o Meio-Oeste dos Estados Unidos parece se destacar. Dick Johnson, Alan Mulally e Jim Weber são do Meio-Oeste e falaram sobre como a cultura regional desencoraja a arrogância. Em vez disso, incentiva o trabalho árduo e o respeito pela dignidade dos outros.

A maioria dos entrevistados também descreveu como seus pais lhes ensinaram a humildade. Orlando Ashford, Phyllis Campbell, Roger Ferguson, Alan Mulally, Jeff Musser e Jim Sinegal citaram ensinamentos parentais específicos ou valores familiares que os ajudaram a perceber que não estavam acima (ou abaixo) dos outros. Howard Behar, Sally Jewell e Brad Tilden disseram ter aprendido observando o comportamento humilde de seus pais.

Por fim, os entrevistados citaram a educação religiosa ou crenças de fé como parte de seu treinamento em humildade. Ashford, Mulally e Noseworthy expressaram forte influência do ensino cristão ou de experiências na igreja.

A Humildade na Liderança Pode Ser Ensinada?

É interessante observar esses temas entre os entrevistados. Mesmo que a amostra seja pequena, não é difícil imaginar como experiências de marginalização, observação das lutas dos pais e educação social podem ser a base da humildade pessoal. Mas uma questão lógica é se a humildade na liderança pode ser ensinada àqueles que carecem dela.

A resposta é sim, parcialmente. A humildade requer autoconsciência e livre-arbítrio (escolha). Se as pessoas tiverem a base certa (cujos elementos seriam uma autoconsciência razoável e abertura para o crescimento), há uma boa chance de que elas possam desenvolver ou melhorar a humildade na liderança. Se um ou outro elemento estiver faltando, as chances não são boas.

Supondo que a base esteja lá, os temas encontrados nas entrevistas são bons indicadores de como podemos ajudar os líderes adultos a construírem a humildade: experiência direta, aprendizado por observação e esclarecimento de valores. Essas ferramentas levam tempo – elas *não* se encaixam bem em um curso rápido de treinamento de liderança. Mas podem ser trabalhadas em formatos experimentais mais longos – distribuídos ao longo do tempo – seja em programas de liderança organizacional ou aqueles liderados por universidades ou consultores.

Esse é exatamente o tipo de trabalho formativo que desenvolvo há muitos anos. Os programas executivos que contam créditos na Universidade de Seattle oferecem aos gerentes em atividade um amplo conhecimento contextual da inter-relação dos sistemas sociais. Os participantes são simultaneamente desafiados a encontrar e a trabalhar na capacidade de liderança com populações que, de outra forma, dificilmente estariam em contato. No processo, eles se livram dos estereótipos e desenvolvem empatia e um ego equilibrado e mais inclusivo. Frequentemente, reconsideram seus próprios privilégios e tornam-se mais intencionais quanto ao impacto positivo que desejam gerar – não apenas no trabalho, mas mais além. Considere este relato de um ex-aluno quando questionado anos depois, quando já era líder sênior, se o trabalho formativo que realizamos juntos fez diferença:

> Um momento que ampliou minha visão de mundo foi encontrar Ed enquanto eu estava entregando comida para o Banco de Alimentos Renton durante nosso Projeto de Justiça Social. Foi muito bom saber que ele fora um piloto formado em Engenharia na Universidade de Seattle, assim como eu; porém, graças a circunstâncias muito infelizes, havia se tornado um sem-teto. Percebi, então, que todos os nossos caminhos são frágeis e que qualquer conjunto de fatos desconhecidos poderia colocar qualquer um de nós em um lugar muito diferente – algo que eu não teria imaginado se nunca tivesse encontrado aquela população. Mas isso tem sido uma grande influência em como penso sobre a minha família e a saúde da minha equipe. Agora tenho um ouvido muito mais solidário quando se trata de cuidar dos funcionários.
>
> Hoje eu também penso "Como posso tornar o mundo melhor?". Um exemplo disso envolveu levar suprimentos de socorro para o Chile após um terremoto lá. Tive um cliente cujo jato poderia ser convertido em um cargueiro e vi a oportunidade de uma maneira que não teria visto antes. Depois de obter permissão para usar o cargueiro para esse fim, um incrível conjunto de circunstâncias se alinhou para que, em uma semana, levássemos 5,5 toneladas de suprimentos para Santiago, onde o

avião foi recebido pela Cruz Vermelha, que descarregou e distribuiu os bens. Isso foi muito gratificante, mas mostra a quantidade de poder que temos para liderar de onde estamos, de maneiras que fazem uma grande diferença. Pude mover uma pedra muito maior dessa maneira do que simplesmente enviar uma doação pessoal. Este é o desafio para todos os líderes: muitas vezes é uma "adjacência" – o poder que temos em nossas posições nos permite influenciar de forma mais ampla. — CAPITÃO STEVE TAYLOR, EX-PRESIDENTE DA BOEING BUSINESS JETS

Se a humildade na liderança significa uma tendência de sentir e de demonstrar profunda consideração pela dignidade dos outros, ela é evidente neste exemplo. É sobre como pensamos, o que pensamos, como vemos os outros, como vemos nosso relacionamento com os outros e, mais importante, a maneira como agimos. Ela pode ser desenvolvida a partir das experiências de nossa educação. Quando adultos, a humildade pode ser ensinada e aprendida por meio de experiências certas, quando o aluno está disposto.

Desenvolvimento Pessoal para Humildade

E se você tiver pouca experiência para ajudá-lo a desenvolver sua humildade? Ou se você acha que tem humildade, mas gostaria de fortalecê-la e aplicá-la melhor na liderança? O desenvolvimento da humildade requer aumentar a autoconsciência e a exposição a certos tipos de experiências. Também pode ser de grande ajuda transferir esse aprendizado para o trabalho. Esta seção oferece uma breve avaliação, exemplos de exercícios para fazer sozinho e algumas sugestões para ajudá-lo a transferir seu aprendizado para o trabalho.

Autoavaliação

A humildade na liderança está, em parte, nos olhos de quem vê. Por esse motivo, nossa visão de nossa própria humildade é incompleta e precisamos verificá-la com os outros. Neste questionário (Tabela 6), avalie-se e pergunte aos outros como eles o classificariam. Você pode fazer cópias e compartilhar com várias pessoas, pedindo que respondam anonimamente, se preferir. Pode ser de grande ajuda selecionar pelo menos algumas pessoas com quem sua relação de trabalho pode não ser a ideal. As pessoas já têm uma opinião a nosso respeito, então podemos muito bem conhecê-la. Preste atenção às respostas a perguntas pessoais. Assuma o crédito pelo que pode estar indo bem e considere o que precisa ser mudado.

TABELA 6. Check-In da Humildade na Liderança: *A humildade na liderança significa sentir e demonstrar profunda consideração pela dignidade dos outros.*

COMO ANDA MINHA HUMILDADE?		
EM QUE MEDIDA:	Autoavaliação (1–5 em que 5 é muito)	Nota dos Outros (1–5 em que 5 é muito)
Eu falo muito de mim mesmo?		
Sou conhecido por fazer a coisa certa?		
Eu incluo as pessoas em conversas e em reuniões sobre questões que realmente importam para elas?		
Eu domino as conversas, interrompendo os outros?		
Eu compartilhei uma visão clara e atraente do nosso trabalho que mostra como ele apoia o bem comum?		
Sou fiel à minha palavra?		
Expresso abertamente preocupação genuína por todos os stakeholders?		
Eu escuto? Estou aberto a ideias que não são minhas?		
Demonstro preocupação com os interesses de longo prazo dos outros?		
Interajo com todos de maneira respeitosa?		

Exercícios

Dentre os entrevistados, a humildade frequentemente foi construída através de experiências: crescer no Meio-Oeste dos Estados Unidos, ter pais que enfrentaram desafios ou enfatizaram a humildade, absorver as influências da fé ou ter sido marginalizado de alguma forma. Talvez você tenha passado por experiências semelhantes – ou não. Esta seção pode ajudá-lo a refletir sobre seu histórico e a reforçar as áreas que podem ser necessárias.

1. Reflita sobre suas experiências de vida. O que você foi ensinado sobre cada um dos itens a seguir?

   a. Sua superioridade em relação aos outros.

   b. Quais tipos de pessoas são inferiores a você (como mulheres, minorias, pessoas sem educação formal, imigrantes). Considere as mensagens da família e, de modo mais amplo, da mídia.

   c. Se a própria vida humana tem valor.

2. Se você respondeu sim para 1.c., mas acredita que é superior a outros grupos de pessoas de certas maneiras, você poderia modificar sua crença para sustentar que, assim como a vida humana é valiosa, a *dignidade* de todos (seu senso de valor próprio) também é? Nesse caso, considere que o componente pessoal da dignidade dos outros precisa ser honrado da mesma forma que honramos a própria vida.

3. Você já teve algum fracasso significativo enquanto líder? Pense nisso e lembre-se do que deu errado. Houve stakeholders que contribuíram para o seu fracasso, porque você se esqueceu de incluí-los, envolvê-los ou representá-los?

4. Quão homogênea foi sua educação? Você estava perto, principalmente, de pessoas iguais a você ou foi exposto a muitos grupos com grandes diferenças?

5. Se sua formação foi homogênea, faça uma tentativa genuína de conhecer e de conversar pessoalmente com cinco pessoas, cada uma com uma formação única que também seja muito diferente da sua (como um sem-teto, alguém de gênero alternativo, um deficiente, um veterano de guerra, alguém com baixa renda, um(a) pai(mãe) solteiro(a)). O objetivo é aprender algo sobre eles e compreender sua experiência e pontos de vista. Você pode conhecer essas pessoas por meio do voluntariado ou de reuniões comunitárias. Elas podem ser encontradas nos cafés e nas ruas. Em vez de simplesmente passar pelas pessoas diferentes de você, considere reconhecê-las e iniciar uma conversa quando for apropriado. Este exercício pode precisar ser repetido ao longo de muitos meses, mas vai ajudá-lo a compreender os outros – e a você mesmo – de novas maneiras.

No Trabalho

É importante traduzir essa reflexão e esse exercício para o trabalho. Aqui estão algumas considerações para melhorar suas interações com os outros a longo prazo.

- Há alguém que você tem evitado porque parece que tiveram um conflito – ainda que você saiba que se trata de um stakeholder? Considere entrar em contato com essa pessoa ou grupo para que saibam que você gostaria de se encontrar e explorar possibilidades de colaboração. Veja se você pode levar um facilitador para a reunião.

Os objetivos devem ser: (1) mostrar respeito pela dignidade daqueles com quem você está em conflito; (2) esclarecer as normas comportamentais de cada lado para trabalhar bem em conjunto; e (3) identificar uma meta compartilhada, ou pelo menos concordar com os parâmetros (o escopo) para o trabalho conjunto.

- Com quem você acha que é difícil trabalhar? O que há nessa pessoa que gera dificuldades para você? Pense em como você pode interagir de modo a apoiar a dignidade dessa pessoa – e peça que ela apoie a sua.

- Reveja a autoavaliação que você realizou. Trabalhe para melhorar as áreas nas quais você recebeu feedback crítico. Considere compartilhar com seus avaliadores que você ouviu esse feedback e está trabalhando para mudar. Peça a ajuda deles para saber se você está indo bem e verifique novamente se eles não disserem de modo espontâneo que estão vendo o progresso.

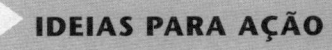

IDEIAS PARA AÇÃO

1. Nas próximas duas semanas procure por essas oportunidades de demonstrar um ego equilibrado ao interagir com os outros:

> **a.** Mostre gratidão a cinco de seus stakeholders. Faça questão de agradecê-los por algo que eles fazem bem. Um e-mail é bom, mas uma nota sincera escrita à mão é um toque pessoal que tem um impacto maior.

> **b.** Admita a um ou mais stakeholders que você não sabe de algo e elogie-os pelo conhecimento e contribuição para o trabalho coletivo.

> **c.** Se você estiver sendo criticado, ouça com atenção – sem dar desculpas ou parecer chateado com a pessoa que está transmitindo a mensagem.

> **d.** Você se lembra de alguma ocasião em que machucou alguém ao atacar sua dignidade? Ofereça desculpas sinceras.

2. Considere como você pode apoiar o desenvolvimento dos outros:

> **a.** Procure por momentos em que eles compartilhem grandes ideias, tomem iniciativa ou tenham um desempenho excepcionalmente bom. Reserve um instante para cumprimentá-los e aprender mais sobre sua formação, habilidade ou interesse nisso.

> **b.** Quais stakeholders você tende a ignorar ou negligenciar? Estenda a mão e pergunte sobre suas necessidades e objetivos.

IDEIAS PARA AÇÃO

c. Há alguém que está claramente pronto para mais (uma promoção ou transferência para uma posição com mais responsabilidades)? Você pode advogar por ele, ou ela, dentro de sua organização? Caso contrário, converse com essa pessoa sobre seus interesses. Examine sua rede em busca de oportunidades e referências.

3. Faça da integridade uma prioridade para o trabalho conjunto:

a. Diga a verdade, mesmo que ela não te favoreça.

b. Desencoraje o uso de atalhos dentro de sua equipe quando essas ações forem eticamente inadequadas.

c. Conforme necessário, advogue por políticas e práticas que sejam honestas e correspondam aos valores declarados.

Agora, olharemos a biografia e as experiências pessoais dos CEOs entrevistados, listados em ordem alfabética (de sobrenome). Ao considerá-las, observe que ter humildade na liderança não limitou as posições que alcançaram. Na verdade, ela deu suporte para suas realizações excepcionais.

Orlando Ashford

Presidente da Holland America Line, Orlando Ashford lidera a marca e os negócios da premiada linha de cruzeiros, incluindo sua frota de quatorze navios premium que transportam mais de 900 mil passageiros anualmente para os sete continentes. Anteriormente, Ashford foi presidente do Talent Business Segment da Mercer, líder global de consultoria em talentos, saúde, aposentadoria e investimentos, após ocupar cargos como executivo sênior, na Marsh & McLennan Companies, na Motorola e na Coca-Cola Company, onde também atuou como diretor do grupo de recursos humanos para 90 países na Eurásia e na África. Ashford foi selecionado pela revista *Seattle Business* para o Prêmio de Excelência Executiva em 2019; a revista *Black Enterprise* nomeou Ashford para sua lista dos "Executivos Mais Poderosos da América Corporativa" de 2017; e, em 2016, foi nomeado para a lista de "Os 100 Executivos Negros Mais Influentes da América Corporativa" da revista Savoy. Ashford atua no conselho consultivo da Purdue University School of Technology, no conselho de diretores da ITT e no conselho de diretores da Virginia Mason. É Bacharel em Ciências e Mestre em Liderança Organizacional e Tecnologia Industrial pela Purdue University.

SOBRE O DESENVOLVIMENTO DA HUMILDADE: Eu fui criado assim. Meus pais, especialmente minha mãe, enfatizavam a humildade. Lembro-me de minha mãe dizendo: 'Ninguém neste mundo é melhor do que você. E ninguém neste mundo é pior do que você'. Fui ensinado a tratar todos de acordo com esta Regra de Ouro. Cresci em um lar cristão com valores como tratar as pessoas como gostaria de ser tratado".

Howard Behar

Durante seus vinte e um anos na Starbucks Coffee, Howard Behar conduziu os negócios domésticos como presidente da América do Norte, e foi o presidente fundador da Starbucks Coffee Company International. Participou do crescimento da empresa de apenas 28 lojas para mais de 15 mil lojas em cinco continentes, com aproximadamente 300 mil funcionários atendendo a 100 milhões de pessoas por semana. Serviu no conselho de diretores da Starbucks por doze anos antes de se aposentar e continua a servir nos conselhos da iD Tech, Education Elements e Anthos Capital. Em 2018, recebeu o prêmio "Lifetime Achievement Award" da revista Seattle Business. Permanece comprometido com o desenvolvimento e a educação de nossos futuros líderes e tem sido um defensor de longa data do modelo de liderança servil. Behar também é autor de dois livros sobre liderança, intitulados: *It's Not About the Coffee* e *The Magic Cup*.

SOBRE O DESENVOLVIMENTO DA HUMILDADE: "Meus pais são imigrantes da Letônia e da Bulgária. Eles não falavam inglês no começo, mas economizaram suas moedas e abriram uma pequena mercearia com um apartamento em cima para nós cinco. Meus pais nunca tiveram muito, mas aprendemos a trabalhar. Quando eu era jovem, observei como meu pai era gentil e honesto com seus clientes. Uma vez, ele me pediu para pegar duas bandejas de morangos para alguém, percebi que não pagaram quando foram embora. Perguntei a ele sobre isso, e ele disse que nem tudo o que fazemos deve ser pelo dinheiro. Ele entendia que aquela família não estava indo muito bem... Eu nunca esqueci a maneira como ele demonstrou bondade. Não se tratava de ser liberal ou conservador. Tratava-se de pessoas ajudando pessoas".

Phyllis Campbell

Phyllis Campbell é presidente da JPMorgan Chase, Pacific Northwest. Anteriormente atuou como presidente e CEO da Seattle Foundation, a maior fundação comunitária em Washington, cujos ativos de caridade dobraram para 600 milhões de dólares sob sua liderança. Anteriormente, Campbell atuou como CEO do U.S. Bank, tornando-se a primeira CEO de um banco no estado de Washington. Hoje é diretora independente da Alaska Air Group, em que preside o Comitê de Indicação, e já fez parte do conselho de diretores da Nordstrom. Também atua no Conselho Consultivo de Diversidade da Toyota, é presidente do Conselho dos Estados Unidos e Japão, é membro do conselho consultivo global da Women Corporate Directors e é membro do Conselho Consultivo de Nomeação e Governança da Associação Nacional de Diretores Corporativos. Campbell obteve o bacharelado na Washington State University e MBA executivo pela University of Washington.

SOBRE O DESENVOLVIMENTO DA HUMILDADE: "Minha humildade é derivada de minha educação e herança nipo--americana. A família do meu pai foi mantida em Idaho durante a Segunda Guerra Mundial e ele perdeu o armazém da família. Meu pai escapou da prisão sendo enviado para Spokane para terminar o ensino médio. Ele se alistou no Exército dos Estados Unidos para provar sua lealdade a este país, apesar de seu pai, irmão e irmãs estarem encarcerados. Mais tarde, voltou para Spokane, encontrando emprego em uma lavanderia de lavagem a seco – um dos poucos empregos que conseguiu encontrar. Com o tempo, ele se tornou dono do negócio. Sempre fomos ensinados a nos concentrar em retribuir aos outros, não em chamar atenção para nós mesmos. Nos negócios e na comunidade, essa característica se traduziu em prestar atenção ao bem comum".

Roger Ferguson

Roger Ferguson é presidente e CEO (2008 - presente) da Teachers Insurance and Annuity Association (TIAA), uma organização de serviços financeiros da Fortune 100 com mais de 1 trilhão de dólares em ativos, atendendo a funcionários de 15 mil instituições e 55 milhões de indivíduos, sendo um líder provedor de serviços financeiros nas áreas acadêmica, de pesquisa, médica, cultural e governamental. Atuou como vice-presidente do Conselho de Governadores do Sistema da Reserva Federal dos EUA de 1999 a 2006, hoje é o presidente do Conselho de Conferência e membro de outros conselhos, incluindo os da Alphabet, da General Mills, do Memorial Sloan Kettering Cancer Center, e da Smithsonian Institution. Membro da Academia Americana de Artes e Ciências, Ferguson obteve bacharelado em economia e em direito, assim como PhD em economia, todos pela Universidade de Harvard. Começou sua carreira como advogado na Davis Polk & Wardwell, depois ingressou na McKinsey & Company, da qual se tornou sócio.

> **SOBRE O DESENVOLVIMENTO DA HUMILDADE:** "Eu cresci em Washington, D.C. Minha mãe era professora da escola primária e meu pai era cartógrafo do Exército. Morávamos atrás de Langston Terrace, o primeiro projeto de habitação pública do país. Comecei minha educação em uma escola primária segregada e depois entrei em um programa de honras em uma escola secundária integrada que era um caldeirão fenomenal. Mais tarde, fui para Harvard com uma bolsa de estudos e trabalhei como estagiário limpando banheiros. Adquiri muita prática em fazer o que meus pais sempre me ensinaram: nenhum trabalho é pequeno demais para ser bem feito. O que me movia era um sentimento interno de orgulho, uma alegria de aprender e o reconhecimento de que os estudos eram uma forma de me encaixar".

Sally Jewell

Crescer no estado de Washington inspirou o amor de Sally Jewell por estar ao ar livre. O início de sua carreira como engenheira da Mobil ajudou o Rainier Bank a avaliar empréstimos de energia, o que a levou a quase vinte anos de experiência no setor bancário. Em 1996, Jewell se juntou ao conselho de diretores da Recreational Equipment, Inc. (REI). Em 2000 foi nomeada Diretora de Operações, se tornou CEO em 2005, e, em 2006, foi nomeada "CEO do Ano" pelo *Puget Sound Business Journal*. Jewell foi nomeada pelo Presidente Obama, e confirmada pelo Senado, como Secretária do Interior dos EUA, quando liderou a agência de 70 mil funcionários responsável por quase um quinto de todas as terras dos Estados Unidos. Jewell atuou em muitos conselhos, incluindo os da Symetra, da Premera, da Retail Industry Leaders Association, da Nature Conservancy, da University of Washington, da National Parks Conservation Association e do Mountains to Sound Greenway Trust, que ajudou a fundar. Recebeu seu bacharelado em engenharia mecânica pela Universidade de Washington.

> **SOBRE O DESENVOLVIMENTO DA HUMILDADE:** "Eu testemunhei o comportamento de meus pais e aprendi desde cedo que quando você está disposta a admitir que não sabe algo e pede ajuda, as pessoas quase sempre estão dispostas a emprestar sua experiência. O voluntariado também me deu ideias que me ajudaram a compreender o valor de ouvir, o benefício das diferentes perspectivas e as barreiras que as pessoas enfrentam. Acredito que a natureza nutre a alma. Explorar a natureza, remar no Mar Salish, desfrutar de um campo de flores silvestres ou estar no topo de uma montanha pode ajudar a todos nós a reconhecer nossa insignificância e a reforçar nossa humildade".

Dick Johnson

Presidente do conselho (desde 2016) e presidente e CEO (desde 2014) da Foot Locker, Inc., Richard A. Johnson (também conhecido como Dick) desempenhou muitas funções de destaque nesta varejista líder global de calçados e roupas de inspiração atlética. Suas funções incluíram o cargo de Diretor de Operações e Vice-Presidente Executivo da Foot Locker, Inc. e de Diretor Executivo e Presidente da Foot Locker Europe BV, uma subsidiária da Foot Locker, Inc. Foi diretor da H&R Block, Inc., e da Maidenform Brands. Também atuou como diretor da Retail Industry Leaders Association e da Footwear Distributors and Retailers of America. Johnson fez sua graduação na University of Wisconsin – Eau Claire.

SOBRE O DESENVOLVIMENTO DA HUMILDADE: "Eu cresci em Wisconsin. Meu pai era superintendente de construção e minha mãe trabalhava para ajudar no sustento da família. Embora meus pais fossem de origem humilde, eles trabalharam muito e sempre se entregaram aos filhos e à comunidade". Questionado sobre como ele passou a ver a humildade como essencial para uma liderança eficaz, Johnson respondeu: "É apenas a maneira como fui criado. Crescendo, aprendi que isso é exatamente o que você faz. Nunca foi, 'Ei, trata-se de mim. Eu liderei X.' Não se tratava apenas de mim. Desde a minha primeira função de liderança até ser CEO de uma empresa, percebi que não se tratava de mim. Tratava-se de pessoas que lideramos e consumidores que atendemos".

Alan Mulally

Enquanto presidente e CEO da Ford Motor Company, Alan Mulally liderou a transformação da Ford em uma das principais empresas automotivas do mundo e a marca automotiva número um nos Estados Unidos. Antes de ingressar na Ford, atuou como presidente e CEO da Boeing Commercial Airplanes e presidente da Boeing Information, Space and Defense Systems. Mulally foi eleito o número três na lista dos "50 Maiores Líderes do Mundo" da *Fortune*, uma das "Pessoas Mais Influentes do Mundo" pela *Time* e um dos trinta "Melhores CEOs do Mundo" pela *Barron's*. É bacharel e mestre em engenharia aeronáutica e astronáutica pela University of Kansas e mestre em administração pelo Massachusetts Institute of Technology. Mulally atua no conselho de diretores da Alphabet, da Carbon 3D e da Mayo Clinic. É membro da US National Academy of Engineering e é um Fellow da Royal Academy of Engineering da Inglaterra.

> **SOBRE O DESENVOLVIMENTO DA HUMILDADE:** "Tendo crescido no Meio-Oeste, vivemos com recursos muito modestos. Meus pais tinham muita fé e acreditavam que eu poderia dar uma contribuição significativa para o bem comum. Meus pais viveram e me ensinaram as seguintes lições sobre humildade, amor e assistência, que carreguei comigo: o propósito da vida é amar e ser amado, nessa ordem; prestar assistência é viver; procure compreender antes de buscar ser compreendido; é bom ser importante, mas é ainda mais importante ser uma boa pessoa; trabalhando junto com outras pessoas, você pode dar uma contribuição mais positiva para a maioria; sempre aprender ao longo da vida e buscar melhoria contínua; respeitar e incluir a todos – somos todos criaturas de Deus e dignos de ser amados; desenvolva uma vida integrada para realizar o trabalho de sua vida".

Jeff Musser

Jeff Musser é presidente e CEO da Expeditors International desde dezembro de 2013. Começou sua carreira como mensageiro de meio período na Expeditors, em 1983, e dedicou 22 anos em funções que progressivamente acumularam mais responsabilidades em operações de campo e corretagem, incluindo as funções de gerente distrital e Vice-Presidente regional. Mais tarde, atuou como Vice-Presidente Executivo e CIO*, completando seu perfil de liderança amplo e cheio de experiência. É um despachante aduaneiro licenciado nos EUA e possui certificado IATA/FIATA. O portfólio ímpar de Musser consiste em responsabilidades de liderança corporativa global e de campo, somados à disciplina cada vez mais crítica da tecnologia da informação. É excepcionalmente bem qualificado para liderar a Expeditors, valorizando e reforçando sua cultura única para o sucesso contínuo.

> **SOBRE O DESENVOLVIMENTO DA HUMILDADE:** "Eu cresci em uma família de classe média com pais incríveis e três irmãos. Meu pai trabalhava em tempo integral como policial e complementava a renda trabalhando como mecânico. Minha mãe realizou o difícil trabalho de criar três filhos e, ao mesmo tempo, oferecer serviços de cuidados infantis. Em nossa família, nunca houve um senso de merecimento por direito, em vez disso, havia o foco em trabalhar duro e aceitar os resultados de nossos esforços. Nunca julgamos os que tinham mais, nem julgamos os que tinham menos. Fomos encorajados a fazer o melhor que podíamos na vida com as ferramentas que possuíamos, assim como compreender e respeitar que o sucesso é diferente para cada indivíduo. Isso criou uma forte convicção de que servir aos outros era fundamental para o que eu queria alcançar na vida".

---

* CIO: título atribuído ao executivo mais experiente responsável pela tecnologia da informação (TI) e pelo funcionamento dos sistemas informáticos de uma companhia. [N. da R.]

John Noseworthy, Médico

John Noseworthy atuou como presidente e CEO da Mayo Clinic de 2009 a 2018. Antes disso, atuou como presidente do Departamento de Neurologia da Mayo Clinic e diretor médico do Departamento de Desenvolvimento. Recebeu seu diploma de médico pela Dalhousie University e completou as residências e as bolsas de pesquisa em neurologia e neuroimunologia na Dalhousie University, na University of Western Ontario e na Harvard Medical School. Tem certificação do Royal College of Physicians and Surgeons of Canada. Se especializou em esclerose múltipla e passou mais de duas décadas projetando e conduzindo ensaios clínicos controlados. Atuou como editor-chefe da *Neurology* de 2007 a 2009. Atuou no Conselho de Administração da Merck & Company, Inc. de 2017 a 2019 e foi embaixador da saúde do Fórum Econômico Mundial de 2014 a 2018. Ingressou no Conselho de diretores do UnitedHealth Group e da AlixPartners em 2019. Recebeu título de doutorado honorário da University of Western Ontario e da Dalhousie University e foi nomeado oficial da Ordem de Orange-Nassau em 2014.

> **SOBRE O DESENVOLVIMENTO DA HUMILDADE:** "Meus pais me influenciaram muito. Meu pai era ministro episcopal anglicano e minha mãe tinha crenças religiosas profundas. A humildade fazia parte da fé e foi passada para mim. Meu pai me ajudou a perceber que, se eu queria ter sucesso, também precisava perceber minhas limitações. Mais tarde, na minha profissão de neurologia, vi a coragem de pacientes e familiares em lidar com doenças complexas, confusas e muitas vezes trágicas. Enquanto prestador de cuidados de saúde, percebo as nossas limitações humanas e isso aumenta a humildade".

Jim Sinegal

Jim Sinegal é cofundador e ex-CEO da Costco Wholesale. Ele se aposentou do cargo executivo em 2012 e permaneceu como diretor do conselho até 2018. Sinegal começou sua carreira no varejo quando era estudante universitário, trabalhando para o lendário ícone do varejo Sol Price na loja de descontos FedMart, em San Diego. Mais tarde, decidiu abrir sua própria empresa, a Costco, com seu parceiro de negócios, Jeff Brotman. A Costco hoje gera receitas de mais de 149 bilhões de dólares e opera 783 depósitos em 44 estados, Porto Rico, e mais 13 países. A Costco emprega mais de 254 mil pessoas em todo o mundo e conquistou a reputação de empregadora justa e progressista. Sinegal foi nomeado um dos "Melhores Gestores" pela *Bloomberg Businessweek*, um dos "30 CEOs Mais Respeitados" pela *Barron's,* de 2006 a 2011, uma das "100 Pessoas Mais Influentes" pela *Time*, e "CEO do ano" pela *Morningstar Investments,* em 2011. Atua como administrador do Fred Hutchinson Cancer Research Center e atuou como executivo residente ou conselheiro na Seattle University, na San Diego State University e na Universidade de Notre Dame. Recebeu seu diploma técnico pela San Diego College e bacharelado pela San Diego State University.

> **SOBRE O DESENVOLVIMENTO DA HUMILDADE:** "Crescendo em Pittsburgh, em uma família católica da classe operária, aprendi valores importantes sobre como você trata as pessoas". Criticado por alguns investidores por ser muito generoso com seus funcionários, ele disse a James Flanigan do *Los Angeles Times* (Flanigan, 2004): "Não vejo o que há de errado em um funcionário ganhar o suficiente para poder comprar uma casa ou ter um plano de saúde para sua família. Estamos tentando construir uma empresa que ainda estará aqui daqui a 50 anos".

Brad Tilden

Brad Tilden é presidente do conselho, presidente e CEO da Alaska Air Group e suas duas subsidiárias, a Alaska Airlines, a quinta maior companhia aérea dos Estados Unidos, e a Horizon Air, sua afiliada regional. Após iniciar a carreira em contabilidade na Price Waterhouse, Tilden ingressou na Alaska Airlines em 1991, atuando como diretor financeiro e presidente do Alaska Air Group antes de ser nomeado diretor executivo em 2012. Tilden foi nomeado Executivo do Ano pela *Puget Sound Business Journal* em 2015 e estava entre os "Os 50 Maiores Líderes Corporativos dos Estados Unidos" pela revista *Fortune* em 2016. A Alaska Air Group é líder em sustentabilidade e detém o prêmio J.D. Power de "Maior em Satisfação do Cliente Entre as Operadoras Tradicionais na América do Norte" desde 2008. Tilden se formou na Pacific Lutheran University e possui MBA executivo da University of Washington.

> **SOBRE O DESENVOLVIMENTO DA HUMILDADE:** "Meus valores em torno da humildade vieram especialmente do meu pai. Ele foi uma das últimas pessoas a pegar pólio. Ele pegou nos anos 50, quando tinha entre 19 e 20 anos. Passou a maior parte de sua vida usando muletas ou uma cadeira de rodas, mas acho que a poliomielite o fez ser resiliente e teve uma carreira de muito sucesso na Boeing, ele e minha mãe criaram uma família fantástica de seis filhos. Meu pai era um homem quieto e humilde. Ele era engraçado, amável e gentil. Não se fazia de "vítima" e não era amargo. Na verdade, não falava sobre a poliomielite. Não havia autopiedade. Ele apenas era humilde e trabalhou duro para fazer sua vida funcionar. Foi o exemplo que vi todos os dias ao crescer".

Jim Weber

Jim Weber é presidente e CEO da Brooks Running desde 2001, uma subsidiária da Berkshire Hathaway, responsável pelo design e pela comercialização de tênis de corrida masculinos e femininos, roupas e acessórios de alto desempenho. Após iniciar sua carreira na Wells Fargo, seguida da Pillsbury (hoje parte da General Mills), aos 30 anos de idade, Weber tornou-se presidente de uma divisão na Coleman. Mais tarde, trabalhou como presidente da O'Brien International e, em seguida, tornou-se o CEO da Sims Sports. Em 1999, ingressou no Piper Jaffray Investment Bank, assim como no Conselho de Administração da Brooks. Weber foi eleito "Empreendedor do Ano" da região Noroeste do Pacífico pela Ernst & Young em 2013; foi nomeado um dos nove inovadores mais influentes na indústria de corrida pela revista *Runner's World* em 2015; e está na lista "Power 100" das pessoas mais influentes no setor calçadista, há dez anos. Weber formou-se na Universidade de Minnesota e fez MBA na Tuck School of Business de Dartmouth.

> **SOBRE O DESENVOLVIMENTO DA HUMILDADE:** "Em parte foi por crescer em Minnesota. É uma cultura trabalhadora, autossuficiente, do tipo "ande com as próprias pernas", mas não é uma cultura de pódio. Arrogância, exibicionismo e egoísmo são desencorajados. Nas comunidades agrícolas do Meio-Oeste, a autossuficiência combinada com a ajuda ao vizinho moldou ambientes em que o egoísmo cria isolamento. Além disso, descobri que o Meio-Oeste americano era acessível e meus primeiros chefes foram extremamente generosos ao me orientar. Muitas empresas devolvem 5% de seus lucros à comunidade anualmente, e isso me incutiu a sensação de retribuir – é apenas parte do que você faz".

CAPÍTULO DEZ

Poder Extraordinário – para Empresas e Além

Não há respeito pelos outros sem humildade em si mesmo.
— Henri Frederic Amiel

Os doze CEOs entrevistados para este livro oferecem excelentes insights sobre o valor da humildade na liderança. Todos eles chegaram bem alto profissionalmente, mas mantêm uma humildade pessoal que demonstra profunda consideração pela dignidade dos outros. Voltemos agora a por que e como a humildade é um poder *extraordinário* para os líderes nos negócios, assim como em tantos outros empreendimentos.

Acredito que as conquistas excepcionais dos CEOs que entrevistei foram alimentadas não apenas por muito trabalho e conhecimento, mas também por sua humildade pessoal. Acredito nisso devido à pesquisa de Collins (2001) e porque ouvi centenas de histórias entusiásticas contadas espontaneamente por pessoas que trabalharam com líderes que demonstravam consideração pela dignidade dos outros. Deixe-me compartilhar um comentário típico que exemplifica a maneira como a humildade do líder afeta as outras pessoas:

Meu colega e eu tivemos a honra de receber um convite para a cerimônia de posse de Sally Jewell na Casa Branca para sua nomeação como Secretária do Interior dos EUA, no governo Obama. Sally nos convidou para ir um dia antes e, ao chegarmos ao seu local de trabalho, ficamos encantados vendo a nova foto de Sally emoldurada e pendurada na parede, logo abaixo da do Presidente Obama. Quando sacamos nossas câmeras para tirar uma foto, fomos imediatamente cercados pela equipe de segurança do prédio, não porque éramos uma ameaça, mas porque eles queriam saber como a conhecíamos, uma vez que fazia apenas algumas semanas que ela havia chegado. O guarda da segurança me informou que serviu neste cargo por mais de vinte anos e nunca conheceu alguém como a Sra. Secretária Jewell. Ele nos contou que, no primeiro dia, ela entrou no prédio carregando duas malas grandes, usando tênis de corrida... nenhum motorista, nenhum táxi... ela havia ido de metrô com as malas a reboque. Ele continuou narrando que ela largou as malas, se apresentou a todos os funcionários e quis saber seus nomes e há quanto tempo trabalhavam lá. Ele acrescentou: "Isso não é nem mesmo a coisa mais estranha! Você sabia que ela desce até a entrada do prédio para cumprimentar as pessoas que entram pela manhã? Ela anda por toda parte, sempre em movimento". Mas o que foi mais impressionante para esse funcionário foi que, na segunda semana, Sally não apenas sabia seu nome, mas também sobre sua esposa, filhos e netos... cada um pelo nome. "*Nunca*, ele disse, alguém lhe perguntou tais coisas, muito menos o fez sentir-se parte da equipe". Ele estava animado para trabalhar com ela, oferecer-lhe o melhor serviço que podia prestar. E ele queria saber tudo sobre ela e se eles poderiam esperar esse tipo de conexão ao longo de todo o seu tempo de trabalho. Podíamos afirmar com segurança que esta é a Sally que conhecemos como CEO, líder da comunidade, amiga e parceira em todo o nosso tempo de serviço com ela, por mais de uma década, e que todos teriam outras grandes surpresas com a sua liderança humilde e altruísta. — MICHELLE CLEMENTS, EX-VICE-PRESIDENTE SÊNIOR DA REI

Este exemplo mostra como muitas vezes as reações das pessoas são profundas quando se deparam e trabalham com líderes humildes. Em pouco tempo no cargo, os seguidores consideravam Sally Jewell humilde. Este relato mostra como o comportamento dela aumentou a atenção dos outros, chamou-os e ajudou-os a apreciá-la e os fez querer dar o seu melhor. Revisitaremos o modelo das seis chaves para a humildade na liderança (mostrado anteriormente na Figura 5) e colocaremos a descrição dos comportamentos de Sally Jewell entre as chaves.

Lembre-se de que as pessoas têm três perguntas principais em relação aos líderes. Estão sempre observando cuidadosamente as informações que satisfazem estas três questões:

- Quem É Você?
- Para Onde Estamos Indo?
- Você Me Vê?

No modelo das seis chaves para a humildade na liderança vemos claramente que as primeiras observações das pessoas em relação a Jewell se concentraram em "Quem É Você" e "Você Me Vê?". Elas avaliaram seu *comportamento* ao construir seus próprios julgamentos sobre ela. Nesse caso, andar de metrô e carregar suas próprias malas, evitando as vantagens que seu cargo oferece, indicaram um ego equilibrado. Ela também praticou a inclusão generosa, investindo seu tempo em conhecer as pessoas, fazendo com que se sentissem notadas. As primeiras impressões formadas sobre ela foram notáveis. Elas animaram e incentivaram seus funcionários, que agora se sentiam parte de uma equipe. Observe que esse exemplo ocorreu *fora* dos negócios: foi tirado de seu serviço como uma autoridade sênior do governo em seu cargo no gabinete do governo Obama. A natureza humana existe em todos os contextos humanos.

A humildade na liderança é importante porque as pessoas trabalham melhor em conjunto quando seus corações e mentes estão engajados. Conforme descrito no Capítulo 8, é preciso humildade pessoal associada a uma forte vontade para ser um Líder Total, e é preciso Líderes Totais para criar organizações prósperas e atingir excelentes resultados. Nas empresas, espera-se que os Líderes Totais gerem os seguintes resultados:

- Desempenho financeiro forte;

- Reputação positiva dos produtos e dos serviços da organização;

- Excelente relacionamento com os clientes;

- Culturas de trabalho saudáveis;

- Maior satisfação dos funcionários e menor rotatividade;

- Aprendizagem e melhoria contínuas.

Por outro lado, líderes com motivação forte, mas sem humildade pessoal, podem ser tóxicos para os outros. E líderes tóxicos criam organizações tóxicas que não conseguem atingir seu potencial. Infelizmente, muitos líderes e organizações são tóxicos, conforme relatado pelas pessoas que trabalham para eles. Tenho ouvido muitos comentários espontâneos de estudantes de mestrado profissional ao longo dos anos, cuja a maioria é seu próprio líder, sobre a toxicidade de seus ambientes de trabalho. Já ouvi comentários semelhantes sobre líderes tóxicos de dentro de outras organizações quando realizei consultorias. Além disso, os dados sobre rotatividade e *des*comprometimento dos funcionários são bastante convincentes.

Portanto, é hora de realmente reexaminar as nossas considerações sobre uma liderança forte. Domínio, comando e controle têm, sim, um lugar. Nas palavras de Howard Behar, "Quando o prédio está pegando fogo, você não convoca uma reunião para discutir o que fazer. Você apenas diz às pessoas o que fazer." Mas, apesar de todos os nossos prazos e pressões, são relativamente poucas as situações de trabalho que se qualificam como uma emergência com risco de vida. Os líderes que carecem de humildade tendem a se concentrar em ganhar ou dominar os outros (muitas vezes ignorando o dano que eles causam ao longo do processo) ou em obter vantagens e status para si próprios. Esse comportamento é tóxico porque viola a dignidade de outras pessoas. Essa atitude resulta em menos confiança, colaboração e desempenho.

Embora este livro enfatize a liderança empresarial, ele inclui entrevistas com CEOs de organizações sem fins lucrativos e governamentais, assim como CEOs que atuam como membros do conselho destas organizações. Na verdade, os princípios da dignidade humana e da humildade na liderança se aplicam aos líderes na maioria dos contextos (por exemplo, pais, educadores, profissionais de saúde, líderes religiosos e treinadores esportivos). No entanto, a necessidade de uma liderança forte em organizações governamentais e sem fins lucrativos, assim como na sociedade civil, é hoje, imperativa.

Estamos em um ponto de inflexão na história que exige humildade dos líderes para a saúde e para o progresso da civilização. Enfrentamos desafios múltiplos, complexos e sérios. Resolvê-los com eficácia exigirá que as lideranças trabalhem em conjunto nas empresas, no governo e na sociedade civil. Estes são alguns dos problemas mais evidentes:

- **Saúde Global**. As fronteiras geográficas não são mais capazes de manter as divisões de antes. A pandemia da Covid-19 mostrou que somos um planeta, um povo e que a sociedade como a conhecemos pode rapidamente ser paralisada. A saúde global está intimamente ligada à estabilidade econômica global; portanto, precisamos colaborar em soluções para todos. O que exigirá estratégias terapêuticas, de diagnóstico e de contenção, assim como uma melhora nas comunicações.

- **Mudanças Climáticas**. Apesar da presença de uma ciência forte e de uma descrença forte na ciência, as temperaturas globais estão subindo. Os padrões climáticos tornaram-se extremos. Pessoas e animais selvagens estão sendo deslocados devido a incêndios, ao aumento do nível do mar e aos danos à agricultura. Corremos o risco de gerar danos permanentes ao planeta que sustenta a nossa existência – e a das gerações futuras.

- **Migração/imigração**. Globalmente, o Ocidente enfrenta uma crise de imigração. O que levou a tensões políticas na Europa e nos Estados Unidos, à medida que milhões de pessoas buscam escapar de sociedades com poucas oportunidades e grande violência. Muitos argumentam que é possível acolher a todos; é igualmente claro que não temos como construir muros altos o suficiente para mantê-los todos do lado de fora.

- **Negócios internacionais.** Empregos, suprimentos, bens e serviços também migram ao redor do mundo. O que representa oportunidades ao oferecer mercados mais amplos, fornecedores variados para as empresas e produtos menos caros para os consumidores. Também cria desafios: muitos trabalhadores foram deslocados e diferentes leis e práticas entre os países criaram inúmeras preocupações éticas e de equidade. Esses são os dois lados da mesma moeda.

- **Disparidade da distribuição de riquezas.** A distribuição de riquezas tornou-se bastante distorcida nas últimas décadas. Não apenas alguns países são mais ricos do que outros, mas, cada vez mais, uma pequena minoria de pessoas do mundo detém grandes quantidades de riqueza. Esta situação restringe significativamente as oportunidades e a qualidade de vida de muitas pessoas. A disparidade extrema de riqueza já está criando instabilidade política.

- **Informação/desinformação em massa.** A internet transformou a maneira como compartilhamos e acessamos as informações. Como acontece com muitos avanços tecnológicos, seus benefícios são grandes, mas há um lado negativo. Estamos testemunhando a disseminação da desinformação a tal ponto que é difícil chegar a um acordo sobre o que é verdade. Embora o abuso das plataformas da internet seja generalizado, houve pouca resolução efetiva.

Esses e outros desafios estão exercendo uma forte influência negativa sobre as sociedades desenvolvidas, e nosso futuro será muito afetado pela forma como os abordarmos. As opiniões estão amplamente polarizadas – não apenas intelectual, mas emocionalmente – porque não concordamos sobre o que é fato ou verdade. E quando não podemos concordar sobre o que é verdade, a formulação de políticas é frustrada. Infelizmente, nossas opiniões ficaram tão divididas que será difícil resolvê-las. No entanto, é exatamente por isso que precisamos de líderes – aqueles cujos trabalhos são manter a si mesmos e a equipe coletivamente responsáveis por gerar visões atraentes, estratégias inclusivas e implementação implacável – para o bem maior de todos aqueles a quem servem.

Coletivamente, somos mais responsáveis que nunca por criar comunidades saudáveis. Precisamos de líderes que possam representar – e integrar – os interesses de *todos*. Mais do que nunca, as lideranças precisam nos ajudar a encontrar a direção moral baseada em princípios em torno dos quais a maioria das pessoas pode se reunir. Como disse Martin Luther King Jr.: "Um líder verdadeiro, em vez de buscar consenso, molda-o".

Moldar o consenso, influenciar os outros, estimular as pessoas a segui-lo – tudo isso é essencial para o trabalho da liderança. Em contraste, tentar obter um resultado pela força instiga uma reação, porque as abordagens do tipo "ganhar ou perder" criam perdedores. E, uma vez que *todos* (incluindo aqueles que são forçados a perder hoje) têm e precisam de um senso de valor próprio – um senso de dignidade – aqueles que perdem hoje buscarão a retaliação ou a vitória amanhã. É hora de os líderes honrarem a dignidade de todas as pessoas. O que começa pelo reconhecimento de todos os nossos stakeholders, trabalhando em conjunto com eles na direção de nossos objetivos comuns.

Isso significa que podemos sempre esperar o apoio entusiástico da oposição? Ou daqueles que apresentam desempenhos ruins? Certamente não. Mas poucas situações são tão extremas a ponto de justificar a violação da dignidade humana ao lidar com oposições e baixo desempenho. Como a maioria das pessoas deseja um progresso genuíno, apoiar a dignidade dos outros, mesmo mantendo padrões rígidos, provavelmente aumentará a colaboração e o progresso na maioria das situações. Embora não sejamos capazes de agradar a todos, podemos fazer um grande esforço. Coalizões podem ser formadas entre grupos divergentes para desenvolver visões e objetivos que sirvam ao bem comum. Essas visões e esses objetivos podem ser amplamente comunicados, juntamente com a lógica por trás deles. Os constituintes devem ser convidados a comentar com frequência e haverá necessidade de dar e receber: a visão inicial pode precisar de ampliação e as metas podem precisar de ajuste. No entanto, nossos desafios complexos só podem ser resolvidos quando os líderes deixam de buscar vitórias de curto prazo e passam a encontrar abordagens de longo prazo que atendam às necessidades e às preocupações da maioria do stakeholders. O que proporciona um maior apoio para a implementação e um progresso genuíno em questões que são importantes para muitos de nós.

À medida que nos tornamos mais instruídos, ricos e sofisticados, podemos acabar subestimando a importância das ideias tradicionais. No entanto, ideias que favorecem um caráter honrado e uma orientação moral forte são atemporais em sua sabedoria. Somos criaturas sociais que vivem em comunidade, tanto local quanto global, então nossas atitudes e nosso comportamento têm um impacto significativo sobre os outros. O impacto social é ainda mais verdadeiro para aqueles com poder – os líderes. Confiamos nas lideranças para nos oferecer orientação, mas esperamos ser notados e cuidados em troca. Os líderes precisam honrar a dignidade de todas as pessoas, demonstrando bom caráter (ego equilibrado e integridade), estabelecendo visão e estratégia saudáveis e deixando claro que todos são vistos ao oferecer inclusão genuína e oportunidades de progresso que apoiam as necessidades e interesses de todos.

Ter uma motivação forte e até mesmo estar certo, embora seja útil na liderança, não é suficiente. Se não conseguirmos manter relacionamentos saudáveis com os stakeholders, os resultados não serão os ideais. Moldar um consenso exige que nos perguntemos se propusemos uma direção que os outros acham que podem aceitar. Para chegar lá é preciso humildade, porque temos que dar um passo atrás e perguntar: "Quem são todos os meus stakeholders, estou atendendo às suas necessidades?".

Estar juntos é um começo,
Ficar juntos é um progresso,
E trabalhar juntos é o sucesso.
— Henry Ford

Espero que este livro seja um chamado à ação para os líderes de negócios – e além. Conclamo que você faça uma pausa para fazer esta pergunta a si mesmo com um sentido mais amplo: **Quem são as pessoas a quem devo servir?** Essa é uma questão diferente – e provavelmente uma responsabilidade mais desafiadora – do que determinar: como posso fazer minha equipe vencer?

Conforme modelado pelos líderes entrevistados neste livro, devemos servir a *todos* os nossos stakeholders. Precisamos usar uma lente grande angular para ver quem é afetado por nosso trabalho, convidá-los a participar de nossas discussões, ouvir seus pontos de vista, envolvê-los no trabalho e orientar o progresso em direção a um acordo mútuo. Este pode ser um trabalho árduo e confuso – mas é o trabalho da liderança – em todos os setores.

Este é o trabalho que o público deseja ver realizado por seus representantes eleitos. É o trabalho que queremos que seja feito nas empresas, nos governos e na sociedade civil para enfrentar nossos profundos desafios sociais. E, claro, é o trabalho que pedimos às empresas que usam tanto o nosso tempo e talentos durante a maior parte de nossas vidas, ao mesmo tempo que oferecem os bens e os serviços de que precisamos e queremos – e confiamos que serão benéficos para nós.

Na verdade, a liderança, em todos os setores, reflete a confiança depositada em alguns indivíduos para o benefício de todos. É uma forma de confiança elevada, quase sagrada, que não deve ser violada. A humildade na liderança mantém viva essa confiança, ajudando-nos a evitar comportamentos egoístas ao nos lembrar que a dignidade é importante para todos os nossos stakeholders.

A humildade na liderança estende aos outros uma forma de amor – amor pela vida e pela nobreza daqueles que estão além de si mesmo. A humildade é extraordinariamente poderosa precisamente porque o amor conquista um comprometimento maior de nossos companheiros de trabalho.

Algum dia, depois de dominar os ventos,
as ondas, as marés e a gravidade,
devemos atrelar a Deus as energias do amor, e então,
pela segunda vez na história do
mundo, o homem terá descoberto o fogo.

— Pierre Teilhard de Chardin

Guia de Discussão

Este guia oferece sugestões para discussões e aprendizagem em grupo. É apropriado para uso em equipes de trabalho, cursos sobre liderança e workshops de desenvolvimento de liderança.

Equipes de Trabalho

1. Estamos trabalhando bem juntos?

2. Todos nós realmente mostramos profunda consideração pela dignidade dos outros?

3. Somos responsáveis por contar piadas à custa dos outros?

4. Nossa visão e estratégia apoiam o bem comum para todos os nossos stakeholders?

5. Nós temos parâmetros para tal?

Cursos e Workshops

1. O conceito de liderança servil (Greenleaf, 1977) continua popular hoje. A humildade na liderança é importante para ser um líder servil? Se sim, como?

2. Quão comum é a humildade entre os líderes? Quais evidências dão respaldo à sua opinião?

3. Os líderes conseguem ser eficazes sem mostrar humildade? Há diferença no impacto gerado?

4. Existem certas situações em que a humildade na liderança é inadequada?

5. Por que as lideranças devem definir seus grupos de stakeholders de forma ampla? O que acontece quando não o fazem?

6. Precisamos de líderes que se preocupam em reunir as pessoas em torno de um bem comum? Como podem fazê-lo?

7. Como você decide se mantém um profissional que não tem consideração pela dignidade dos outros, mas apresenta um desempenho superior? Qual é o risco de manter tal pessoa como funcionário (se ele, ou ela, se recusar a mudar)? E quanto ao risco de manter essa pessoa em um papel de liderança?

8. Qual a importância de as lideranças garantirem que todos trabalhem bem em conjunto?

9. Não seria apropriado reter os funcionários bem desenvolvidos? Por que você consideraria apoiar seu desenvolvimento futuro se isso poderia ajudá-los a ir embora?

10. Você acredita que todos precisam de um senso de valor próprio?

11. É apropriado que cada pessoa defina o que vale a pena em si mesma?

12. Podemos realmente honrar a dignidade dos outros enquanto discordamos (e tomamos medidas para corrigir) o comportamento deles?

13. Como as demonstrações de raiva e de hostilidade por parte do líder afetam a dignidade de todos?

14. Como a cultura de cancelamento das redes sociais (parar de seguir, não gostar, intimidação anônima) afeta as normas de como tratamos as pessoas no local de trabalho?

15. Qual é a visão atraente que você compartilha com outras pessoas sobre o seu trabalho?

16. Há evidências de que as lideranças se comportam de forma antiética? Você acredita que isso é frequente?

17. Com as pressões concorrentes, como os líderes devem estabelecer os limites do comportamento ético?

18. Quais problemas sociais se beneficiariam se as lideranças trabalhassem em conjunto?

19. Você acha que a humildade na liderança é apropriada no ambiente político? Por que ou por que não?

20. O que você pode fazer como líder para ser uma força que melhora a cultura da sua organização?

Referências

Beer, Jeff. 2019. "One Year Later, What Did We Learn from Nike's Blockbuster Colin Kaepernick Ad?" *Fast Company*. 5 de setembro de 2019. https://www.fastcompany.com/90399316/one-year-later-what-did-we-learn-from-nikes-blockbuster-colin-kaepernick-ad

Bonzanno, John. 2018. "Google Exits Pentagon (JEDI) Project after Employee Protests". *Observer*. 10 de outubro de 2018. https://observer.com/2018/10/google-pentagon-jedi/

Business Roundtable. 2019. "Business Roundtable Redefines the Purpose of a Corporation to Promote 'An Economy that Serves All Americans'". 19 de agosto de 2019. https://www.businessroundtable.org/business-roundtable-redefines-the-purpose-of-a-corporation-to-promote-an-economy-that-serves-all-americans

Castle, Regan. 2018. "The Top 5 Challenges Faced by Business Executives". *Forbes* Councils. 15 de outubro de 2018. https://forbescouncils.com/2018/10/top-5-executive-challenges/

Catalyst. 2018. "Turnover and Retention: Quick Take". 23 de maio de 2018. https://www.catalyst.org/research/turnover-and-retention/

Collins, Jim. 2018. *Empresas Feitas Para Vencer: Por Que Algumas Empresas Alcançam a Excelência... e Outras Não*. Rio de Janeiro: Alta Books.

Collins, Jim. 2005. "Level 5 Leadership: The Triumph of Humility and Fierce Resolve". *Harvard Business Review*. Julho–Agosto.

Davis, Todd. 2018. "Humility: Lifting Nearly Every Other Important Virtue to Greater Heights". *Community*. Thrive Global. 20 de setembro de 2018. https://thriveglobal.com/stories/humility/

Donnelly, Grace. 2018. "The Number of Black CEOs at Fortune 500 Companies Is at Its Lowest Since 2002". *Fortune*. 28 de fevereiro de 2018. https://fortune.com/2018/02/28/black-history-month-black-ceos-fortune-500/

Flanigan, James. 2004. "Costco Sees Value in Higher Pay". *Los Angeles Times*. 15 de fevereiro de 2004. https://www.latimes.com/archives/la-xpm-2004-feb-15-fi-flan15-story.html

Fortune. 2014. "The World's 50 Greatest Leaders (2014)". 20 de março de 2014. https://fortune.com/2014/03/20/worlds-50-greatest-leaders/

Greenleaf, Robert K. 1977. *Servant Leadership: A Journey into the Nature of Legitimate Power and Greatness*. Nova York: Paulist Press.

Hahn, Jason Duaine. 2019. "CEO Dan Price, Who Surprised Employees with a $70K Minimum Salary, Feels 'Relieved and Proud'". *People*. 7 de novembro de 2019. https://people.com/human-interest/ceo-dan-price-raises-salary-70k-it-feels-right/

Harter, Jim. 2018. "Employee Engagement on the Rise in the U.S.". Gallup. 26 de agosto de 2018. https://news.gallup.com/poll/241649/employee-engagement-rise.aspx

Hembree, Diana. 2018. "CEO Pay Skyrockets to 361 Times That of the Average Worker". Forbes. 22 de maio de 2018. https://www.forbes.com/sites/dianahembree/2018/05/22/ceo-pay-skyrockets-to-361-times-that-of-the-average-worker/#50abcce0776d

Hess, Edward D. e Katherine Ludwig. 2017. *Humility Is the New Smart: Rethinking Human Excellence in the Smart Machine Age*. Oakland, CA: Berrett-Koehler Publishers.

Hicks, Donna. 2019. *Leading with Dignity: How to Create a Culture That Brings Out the Best in People*. New Haven: Yale University Press.

Hoffman, Bryce G. 2012. *American Icon: Alan Mulally and the Fight to Save Ford Motor Company*. Nova York: Crown Business.

Hunnicutt, Trevor. 2019. "Twitter Bans Political Ads; Facebook's Zuckerberg Defends Them". Reuters. 30 de outubro de 2019. https://www.reuters.com/article/us-twitter-ads/twitter-to-ban-political-ads-in-apparent-swipe-at-facebook-idUSKBN1X92IK

Investopedia. s/ data. "Environmental, Social, and Governance (ESG) Criteria". James Chen; revisado por Gordon Scott. Atualizado em 25 de fevereiro de 2020. https://www.investopedia.com/terms/e/environmental-social-and-governance-esg-criteria.asp

Johnson, Kevin. 2018. "Starbucks CEO: Reprehensible Outcome in Philadelphia Incident". Starbucks. 15 de abril de 2018. https://stories.starbucks.com/stories/2018/starbucks-ceo-reprehensible-outcome-in-philadelphia-incident

Knoepfel, Ivo. 2004. "Who Cares Wins: Connecting Financial Markets to a Changing World". UN Environment Programme. https://www.unepfi.org/fileadmin/events/2004/stocks/who_cares_wins_global_compact_2004.pdf

McKinsey & Company. 2017. "Attracting and Retaining the Right Talent". *Our Insights*. Novembro de 2017. https://www.mckinsey.com/business-functions/organization/our-insights/attracting-and-retaining-the-right-talent

Mehrabian, Albert. 1972. *Nonverbal Communication*. New Brunswick, NJ: Aldine Transaction.

Morris, J. Andrew, Céleste M. Brotheridge e John C. Urbanski. 2005. "Bringing Humility to Leadership: Antecedents and Consequences of Leader Humility". *Human Relations* 58, 10ª edição: 1323–50.

Nielsen, Rob e Jennifer A. Marrone. 2018. "Humility: Our Current Understanding of the Construct and Its Role in Organizations". *International Journal of Management Reviews*. Janeiro de 2018.

Nielsen, Rob, Jennifer A. Marrone e Holly S. Ferraro. 2014. *Leading with Humility*. Nova York: Routledge.

NPR. 2018. "Starbucks Closes More Than 8,000 Stores Today for Racial Bias Training". 29 de maio de 2018. https://www.npr.org/sections/thetwo-way/2018/05/29/615119351/starbucks-closes-more-than-8-000-stores-today-for-racial-bias-training

Peltz, James F. 2019. "Jeff Bezos Expanded Amazon's Climate Change Pledge. His Workers Want More". *Los Angeles Times*. 20 de setembro de 2019. https://www.latimes.com/business/story/2019-09-19/amazon-climate-change

Ou, Amy Y., Anne S. Tsui, Angelo J. Kinicki, David A. Waldman, Zhixing Xiao e Lynda Jiwen Song. 2014. "Humble Chief Executive Officers' Connections to Top Management Team Integration and Middle Managers' Responses". *Administrative Science Quarterly* 59: p. 34–72.

Schein, Edgar H. e Peter A. Schein. 2018. *Humble Leadership: The Power of Relationships, Openness, and Trust*. Oakland, CA: Berrett-Koehler Publishing.

Sears, Lindsay. 2017. "2017 Retention Report: Trends, Reasons, and Recommendations". Work Institute. https://cdn2.hubspot.net/

hubfs/478187/2017%20Retention%20Report%20Campaign/
Work%20Institute%202017%20-Retention%20Report.pdf

Tornoe, Rob. 2018. "What Happened at Starbucks in Philadelphia?"
Philadelphia Inquirer. 16 de abril de 2018. https://www.inquirer.
com/philly/news/starbucks-philadelphia-arrests-black-men-video-
viral-protests-background-20180416.html

Zillman, Claire. 2019. "The Fortune 500 Has More Female CEOs
Than Ever Before". *Fortune*. 16 de maio de 2019. https://fortune.
com/2019/05/16/fortune-500-female-ceos/

Agradecimentos

Este projeto não seria possível sem a ajuda de muitas pessoas. Gostaria de começar agradecendo ao Padre Pat O'Leary por me ajudar a ter o discernimento de que minhas percepções sobre a humildade precisavam ser compartilhadas de forma ampla e que escrever este livro estava no meu caminho. Nossas muitas conversas aumentaram minha visão e minha voz.

É com imensa gratidão e profundo respeito que agradeço aos doze CEOs entrevistados para este livro: Orlando Ashford, Howard Behar, Phyllis Campbell, Roger Ferguson, Sally Jewell, Dick Johnson, Alan Mulally, Jeff Musser, John Noseworthy, Jim Sinegal, Brad Tilden e Jim Weber. Todos vocês, incluindo aqueles que não me conheciam, foram gentis quanto à sua disponibilidade. Agradeço sua franqueza ao responder minhas perguntas e me sinto honrada pela liberdade que me concederam no modo como usei seu material. Seus insights combinados à narrativa do livro criam uma história muito mais rica.

Devo profundos agradecimentos a Alan Mulally, que não apenas concordou em realizar uma entrevista, mas escreveu o prefácio, e, também, ofereceu o capítulo sobre o Sistema de Gestão do Trabalho Conjunto. Não posso imaginar este livro sem seu sistema para ilustrar como a humildade na liderança pode funcionar na prática. Sou igualmente grata por seu apoio e sua colaboração ao longo dos anos. Nosso trabalho conjunto ofereceu uma inspiração significativa para este projeto.

Sharon Parks e Geoff Bellman merecem sinceros agradecimentos por me indicarem à Berrett-Koehler (BK). Nossas conversas me ajudaram a encontrar a editora perfeita para esse trabalho.

Meu profundo agradecimento para Steve Piersanti, fundador e ex-CEO da BK, por acreditar neste projeto em seu estágio inicial. Enquanto meu editor, você, de alguma maneira, sabia as perguntas certas a me fazer – na hora certa – sempre modelando a humildade na liderança. Você me desafiou a elaborar minhas ideias de maneira mais envolvente, gerando um livro muito melhor. Espero que reconheça a sua influência neste trabalho.

Vários revisores tiveram acesso às versões do manuscrito completo e ofereceram feedbacks construtivos: Cindy Hamra, Lori Homer, Jeff Kulick, Almirante (aposentado) Chuck Larkin, Mike McNair, Kerry Radcliffe, Quinetta Roberson e Lorri Sheffer. Agradeço suas observações, que, em conjunto, me ajudaram a melhorar meu trabalho. Também sou grata à minha família, aos amigos, aos colegas, aos clientes e aos alunos. Muito obrigada pelas ideias, pelo incentivo e pelo apoio nesta longa caminhada. Espero que o livro os faça sentir que seu investimento valeu a pena.

Ao tentar dar reconhecimento a alguns, sem dúvida esqueci de outros e peço desculpas aqui por qualquer omissão. Permitam-me encerrar agradecendo a todos os funcionários da Berrett-Koehler e afiliados que deram apoio à publicação e disseminação deste livro. Sua gentileza e colaboração significam o mundo para mim.

Índice

Sobre os Autores

Marilyn Gist, PhD

(https://www.marilyngist.com) Com sólida experiência em liderança e credenciais acadêmicas de peso, Marilyn há muito é fascinada pela qualidade dos relacionamentos nos quais os líderes devem se envolver para influenciar os outros de forma eficaz. Como consultora, orientou várias organizações e CEOs em direção ao sucesso absoluto. Como palestrante, esclareceu os comportamentos essenciais para construir equipes leais e de alto impacto. Como educadora, inspirou seus alunos a adotarem uma mentalidade de crescimento e a se tornarem líderes excepcionais.

Ao observar o que funciona – e o que não funciona – Gist se conscientizou de que não ganhamos seguidores ao pisar na dignidade dos outros. Com o tempo, ela viu grandes mudanças nas expectativas dos funcionários, dos pares, dos concorrentes, dos clientes e dos stakeholders em relação aos líderes. Mesmo assim, ficou desanimada porque nossos modelos mais antigos de liderança continuam a influenciar a maneira como os novos líderes e os remanescentes se comportam. Há fortes evidências de que as abordagens arrogantes de comando e controle produzem resultados limitados. O que a levou a desenvolver a abordagem apresentada neste livro. Com base na humildade na liderança, essa abordagem é simples de entender e de aprender a fim de gerar organizações prósperas e com excelentes resultados.

A humildade do líder não é docilidade ou fraqueza. É simplesmente uma tendência de sentir e demonstrar profunda consideração pela dignidade dos outros. Marilyn descobriu, tanto em seu próprio trabalho como líder, quanto na orientação de outros profissionais, que a humildade na liderança gera resultados profundos. Para ampliar essa mensagem, entrevistou os doze CEOs deste livro e convidou Alan Mulally para escrever um capítulo especial, para somar *seus* conselhos e experiências à sua própria voz. Esses indivíduos, seja na atualidade ou no passado, lideraram organizações muito conhecidas como a Alaska Airlines, Brooks Running, Costco, Expeditors International, Foot Locker, Ford Motor Company, Holland America, JPMorgan Chase Northwest, Mayo Clinic, REI, Starbucks, TIAA, e a Secretaria do Interior dos EUA. Seu grande sucesso mostra como a humildade pode fazer a diferença para os líderes em todos os lugares.

O trabalho da Dra. Gist no desenvolvimento de lideranças começou por meio do Center for Creative Leadership e continuou como professora na University of North Carolina, em Chapel Hill, e na University of Washington (UW). Na UW, ela ocupou a Boeing Endowed Professorship of Business Management e atuou como diretora de programas de MBA executivos. Mais recentemente, Marilyn liderou o programa de EMBA em Liderança da Universidade de Seattle (ancorado no modelo de humildade na liderança) desde seus primeiros passos, em 2006, até chegar ao décimo primeiro lugar no país pela *U.S. News & World Report*. Atuou como diretora executiva do Center for Leadership Formation e foi reitora associada e professora de administração na Albers School of Business and Economics. Em 2017, recebeu o prêmio Distinguished Faculty Award do Alumni Board of Governors e, em 2019, foi nomeada professora emérita pelo presidente da Seattle University.

Marilyn cursou graduação na Howard University e MBA e PhD na University of Maryland, em College Park. Seu trabalho acadêmico foi citado mais de 12 mil vezes em outros trabalhos publicados, demonstrando pensamento de liderança excepcional e visibilidade. A Dra. Gist é membro da Academy of Management da American Psychological Association e do International Women's Forum.

Alan Mulally

Um dos maiores líderes do mundo, Alan foi classificado em terceiro lugar na revista *Fortune* dentre "Os 50 Maiores Líderes do Mundo," um dos 30 "Melhores CEOs do Mundo" pela *Barron's*, uma das "Pessoas Mais Influentes do Mundo" pela *Time*, e "CEO do Ano" pela revista *Chief Executive*. Essas homenagens são resultado das contribuições de sua carreira, de sua liderança no setor de indústria e de seus serviços.

O Sr. Mulally atuou como presidente e CEO da Ford Motor Company e como membro do conselho de diretores da Ford de setembro de 2006 a junho de 2014. Durante esse tempo, liderou a transformação da Ford em uma das principais empresas automotivas do mundo e a marca de automóveis número um nos Estados Unidos. Orientou a Ford no trabalho conjunto de uma visão atraente, uma estratégia abrangente e a implementação do plano Uma Ford para gerar um crescimento lucrativo para todos os stakeholders da empresa. Também foi homenageado com a medalha da American Society for Quality por excelência em liderança executiva, recebeu a designação de Executivo Automotivo do Ano e o Prêmio Thomas Edison Achievement.

Antes de ingressar na Ford, Mulally teve uma carreira longa e distinta no setor aeroespacial. Atuou como vice-presidente executivo da Boeing Company, presidente e CEO da Boeing Commercial Airplanes e presidente da Boeing Information, Space and Defense Systems.

Igualmente impressionante, Alan tem se comprometido profundamente em ajudar os outros a crescer e ter sucesso na liderança. Ele dá palestras e consultorias sobre a abordagem que desenvolveu: o Sistema de Gestão do Trabalho Conjunto. Pela primeira vez, Alan escreveu um capítulo para compartilhar essa abordagem. Nele, explica em detalhes o processo operacional e os comportamentos esperados envolvidos no trabalho em conjunto que você pode seguir para atingir o sucesso. Ele mostra como o SGTC está profundamente ancorado na humildade na liderança – e explica por que a humildade é essencial para que funcione. A própria vida de Alan, baseada na humildade, amor e assistência, lhe rendeu muitos seguidores e fãs.

Além de ser consultor e palestrante, atualmente é muito ativo nos conselhos de administração: da Alphabet (controladora do Google), da Carbon 3D e da Mayo Clinic. Esta amostra reflete as áreas nas quais traz sua profunda experiência em engenharia e liderança empresarial para o futuro do design e da fabricação, da tecnologia da informação, da sustentabilidade e das ciências da saúde.

Os serviços anteriores de Alan incluem ter sido o presidente do Instituto Americano de Aeronáutica e Astronáutica e o presidente do Conselho de Governadores da Aerospace Industries Association. Também serviu no Conselho de Exportações dos Estados Unidos do presidente Obama; como copresidente do Conselho de Competitividade em Washington, D.C.; e nos conselhos consultivos da Administração Nacional de Aeronáutica e Espaço, da Universidade de Washington, da Universidade de Kansas, do Instituto de Tecnologia de Massachusetts e do Conselho Consultivo Científico da Força Aérea dos Estados Unidos. É membro da Academia Nacional de Engenharia dos Estados Unidos e da Royal Academy of Engineering da Inglaterra.

Mulally é bacharel e mestre em engenharia aeronáutica e astronáutica pela Universidade do Kansas, e mestre em administração pelo Massachusetts Institute of Technology, com o prêmio Alfred P. Sloan Research Fellow.